高速铁路
双块式轨枕智能制造技术

王明慧　王　剑　郑亚民
蒋树平　张　桥　李永生　编著

西南交通大学出版社
·成　都·

图书在版编目（C I P）数据

高速铁路双块式轨枕智能制造技术 / 王明慧等编著. —成都：西南交通大学出版社，2022.11
ISBN 978-7-5643-8994-9

Ⅰ. ①高… Ⅱ. ①王… Ⅲ. ①高速铁路－轨枕－智能制造系统 Ⅳ. ①U213.3

中国版本图书馆 CIP 数据核字（2022）第 206657 号

Gaosu Tielu Shuangkuaishi Guizhen Zhineng Zhizao Jishu
高速铁路双块式轨枕智能制造技术

王明慧　王　剑　郑亚民
蒋树平　张　桥　李永生　编著

责任编辑	李　伟
封面设计	何东琳设计工作室
出版发行	西南交通大学出版社 （四川省成都市金牛区二环路北一段 111 号 西南交通大学创新大厦 21 楼）
发行部电话	028-87600564　028-87600533
邮政编码	610031
网　　址	http://www.xnjdcbs.com
印　　刷	成都勤德印务有限公司
成品尺寸	170 mm × 230 mm
印　　张	7
字　　数	97 千
版　　次	2022 年 11 月第 1 版
印　　次	2022 年 11 月第 1 次
书　　号	ISBN 978-7-5643-8994-9
定　　价	58.00 元

前言

智能制造作为“中国制造 2025”国家战略的重要组成部分，已成为制造业发展的必然趋势。欧美、日本等发达国家将智能制造列为支撑未来可持续发展的重要智能技术，我国也将智能制造作为当前和今后一个时期的主攻方向及抢占新一轮产业竞争制高点的重要手段。

通过人与智能机器的合作共事，扩大、延伸和部分取代人类专家在制造过程中的脑力劳动；智能制造把制造自动化扩展到制造柔性化、智能化和高度集成化。

本书以典型的轨枕制造为切入点，针对其作业环境和工艺要求，研究开发智能制造技术系统，实现生产过程整体智能化，模具智能清理，智能喷脱模剂，钢筋、套管的智能组装及安装，成品智能检测的机器人作业，对提高流水线工业的智能制造水平、拓展工业机器人应用领域和促进机器人产业链健康发展，具有十分重要的意义。

当今时代，智能化技术发展迅猛，工厂化生产正在逐步实现人机协作。郑万高铁重庆段轨枕场对轨枕生产线的智能化技术提升研究与实践表明，依靠单机智能、装备互联基本实现了轨枕的智能化生产；在建筑业工人日益短缺的趋势下，降低企业的人力资源成本，提高产品质量和生产效率，提升整体效益，使轨枕生产更加绿色环保，为该行业提供了引领示范作用。

随着国家工业化水平的持续提高、产业的调整升级以及发展方式的转变，高速铁路轨枕智能化制造是发展方向，将来一定会有越来越多的企业参与到轨枕智能制造的队伍中来。

由于作者水平有限，本书不足之处在所难免，恳请广大读者提出宝贵意见。

作 者

2022 年 9 月

目 录

1 绪 论

铁路混凝土轨枕作为铁路线的重要组成部分，起着支撑和稳定钢轨的作用。

我国混凝土轨枕发展初期，轨枕的主要型号包括弦 61 型、弦 65B 型等，该类混凝土轨枕命名较为混乱。直至 1984 年，为了改变这种混凝土轨枕命名混乱的情况，将混凝土轨枕的类型减少为 S-1 型、S-2 型、S-3 型、J-2 型。而后又按照混凝土轨枕承载力的不同把这些混凝土轨枕归类为Ⅰ型、Ⅱ型，通过不懈努力，相继又设计出了Ⅲ型和新Ⅲ型双块式混凝土轨枕。

随着铁路运输事业的不断发展，Ⅰ型混凝土轨枕由于其承载力低，已不能适应现阶段我国铁路的使用需求，因而逐渐被淘汰。现阶段在我国，混凝土轨枕铺设的主流型号为Ⅱ型和新Ⅱ型轨枕。Ⅱ型、新Ⅱ型混凝土轨枕的外形均为带挡肩形式。图 1-1 即为带挡肩的混凝土轨枕结构形式。这种轨枕由于其承载能力相对较高，所以在使用时可以用于铺设次重型及重型轨道。

近年来，我国高速铁路建设飞速发展，高速铁路无砟轨道在充分借鉴国外高速铁路无砟轨道成熟技术的基础上，经过引进消化吸收再创新，形成了具有自主知识产权的无砟轨道结构形式，主要有以下 7 种形式：CRTSⅠ型板式、CRTSⅡ型板式、CRTSⅢ型板式、CRTSⅠ型双块式、CRTSⅡ型双块式、道岔区板式、道岔区轨枕埋入式。其中，CRTSⅠ型双块式无砟轨道是我国高速铁路采用的主要无砟轨道形式，尤其是在西南山区建设高速铁路，CRTS Ⅰ 型双块式无砟轨道已成为首选的轨道结构形式。

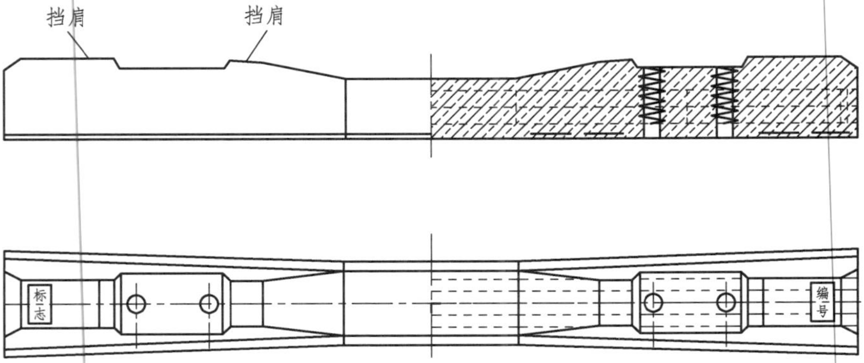

图 1-1　带挡肩混凝土轨枕

CRTS Ⅰ 型双块式无砟轨道主要由下部支撑体系、现浇混凝土道床板、双块式轨枕、高弹性扣件、钢轨组成。这种轨道结构初期的投资比较小，具有制造施工工艺简单等优点，在武广铁路、杭黄铁路、兰新铁路、成贵铁路等多条客运专线应用，技术成熟，比较适合我国的国情，应用市场广阔。

CRTS Ⅰ 型双块式无砟轨道 SK-2 型双块式轨枕预制技术的应用领域广阔，该施工工艺简单、易操作，施工过程采用循环生产线，施工进度快，产品质量易控制，设备设施可以多次周转，降本增效，是一种适用广泛、经济环保的双块式轨枕制造技术，该项技术具有良好的推广应用前景。

由于双块式轨枕的诸多优势，其在世界范围内的应用日益广泛。同样，在我国，各种型号的双块式混凝土轨枕被规模化制造出来，基本能够满足我国铁路建设的使用需求。

过去国内轨枕预制大部分采用工厂集中、机械化施工。面对人工成本过高和资源环境约束加大等问题，研究智能化制造技术并在轨枕制造业中进行示范应用，使轨枕制造由传统建造向智能制造转变，加快轨枕制造智能化升级，符合国家推进供给侧结构性改革和促进经济提质增效转型升级的产业政策。

1.1 国内外研究现状

1.1.1 国外研究现状

世界范围内，双块式轨枕的产生和发展比我国要早，其中以日本及欧洲一些国家最为先进。当时其主要是通过设计新颖的结构从而达到节约资源及投资的目的。

早在 20 世纪 60 年代初，法国、荷兰、匈牙利等国家就开始对双块式轨枕的应用进行研究。

世界各国对双块式轨枕的研究和开发主要集中于对轨枕的结构设计及制造工艺技术上。结构设计方面，法国最开始研发了“Vogneus”型双块式轨枕，该类混凝土轨枕的中间连接铁采用角钢；瑞士和匈牙利的混凝土轨枕中间连接铁为圆管，内部灌注水泥砂浆或仅使用圆管。捷克研发的双块式轨枕中间连接铁为 2 个槽钢；此外，捷克还制造了一种双铰式（即中间连接为钢筋混凝土块）结构形式，轨枕全长贯穿预应力钢筋进行张拉锚固。荷兰同样在 20 世纪 60 年代首次试验研究了 Zlg-Zag 型轨枕，它是在梅花式的块体支承之间采用中间连接铁的形式。

在生产过程中和工艺技术上，许多国家采用的双块式轨枕生产工艺是一种定型产品工艺，生产线上的两条行走轨道上都安装有机械设备，设备可沿轨道向前行进，其工作范围位于轨道范围内。设备运行时需要两套模具交替使用，其中一套模具由工人完成配件安装，然后开始下料，过后依次捣振和压花，最后将模具直接反转进行脱模。与此同时，处于下方的模具翻转至上方重复上述操作，以此类推，不断交替进行，这个生产过程连续性很强。

国外双块式轨枕生产技术主要基于德国短模（1×4 型）生产线，对于长模（2×4 型）生产智能化技术，尚未取得实际应用。

1.1.2 国内研究现状

我国通过借鉴国外生产工艺，结合我国实际情况，形成了一套独特的双块式轨枕生产工艺。该生产过程主要分为两条主线，其中一条是混凝土轨枕的装配成型过程，另一条主线则是钢筋桁架的生产加工过程。轨枕生产过程主要经过混凝土的拌和、浇筑入模（模具已经装配完整并喷涂脱模剂）、振动成型、蒸汽养护、冲击脱模等工序。钢筋的加工服务于装配过程，使轨枕的成型过程形成一个完整循环。

近年来，随着科技的发展，双块式轨枕预制也逐渐由“人工+机械”的作业方式转变为“人工+自动化”的作业方式，通过对部分工序实现自动化，可消除一部分传统作业方式的弊端，但仍存在生产线各工位相互之间配合不密切、生产效率和利用率不高、劳动力成本较大的问题。

通过对双块式轨枕预制进行分析研究总结，我国自主研发出“自动化+智能化-信息化”的全新作业方式，通过对双块式轨枕自动化、智能化预制技术研究，科学合理有效地消除了传统作业方式的弊端，并提高了生产信息精度和生产线整体连接配合，严格保证了双块式轨枕的产品质量，大幅度降低了施工风险和企业成本，提高了生产效率和产品的一致性，使在恶劣环境和极端环境下工作成为可能。

目前，我国轨枕行业智能制造仍然处于起步阶段，京张（北京—张家口）高铁梁枕场和郑万（郑州—万州）高铁湖北段制枕场在短模（1×4）机械化生产线的基础上，引入智能化后，已基本实现少人化作业。对于批量生产时设备持续性、稳定性和生产效率等问题，郑万（郑州—万州）高铁重庆段轨枕场进行进一步探索和实践，形成了一整套长模（2×4 型）智能化制造技术。

1.1.3 国内外双块式轨枕生产工艺对比分析

对比国内外双块式轨枕生产工艺不难发现，二者的区别集中体现在脱模工艺上。我国传统的混凝土轨枕生产工艺是在浇筑完毕后经过蒸汽养护，养护过后混凝土达设计强度的70%时脱模，即“干脱”。而国外一些国家和地区则是在浇筑完毕后直接进行脱模，即“湿脱”。脱模程序上的不同必然会造成整个混凝土轨枕生产过程所采用的生产技术及工艺存在较大区别。

采用我国传统工艺脱模时为了能够振捣密实，需保证混凝土的流动性，因此我国用于生产双块式轨枕所采用的混凝土水灰比较国外的要大。同时，由于我国混凝土轨枕经养护到一定强度后脱模，需采取冲击脱模方式进行脱模。我国传统工艺养护时需带模养护，而国外则可不带模具进行养护。

我国采用的干脱方式最为明显的优势是生产效率高、产量大，每条生产线每天的生产取决于周转速度和模具数量。但由于这种干脱模式使用了较高的水灰比，对混凝土轨枕强度及耐久性有不利影响。我国传统生产方式需在养护阶段带有钢模，较厚的钢模不利于热量的传递且由于钢模的存在，水蒸气同混凝土轨枕的接触面积大大减小，阻碍了水蒸气的进入，不利于混凝土轨枕的养护。冲击式脱模方式也会对混凝土轨枕结构造成损伤，甚至直接造成结构断裂。

国外由于其在养护前进行脱模，为了保证其具有一定的外形稳定性，水灰比较我国采用的水灰比低，混凝土质量更好，同我国相比生产同等强度等级的混凝土轨枕节省了水泥用量，而且提高了耐久性。湿脱法在脱模过程中对混凝土损伤小，即便在脱模时产生了损伤，也可在其初凝前进行简单磨平修复。但湿脱工艺也存在不足之处，如其效率较低、产品表面光洁度较差、生产环境要求严格等。

纵观国内外双块式轨枕发展不难看出，我国双块式轨枕的应用及生产工艺技术发展迅速；但在诸多生产细节方面依然有提升的空间。通过改进生产工艺，以进一步满足我国铁路事业的发展需求，为我国铁路事业发展提供更有力的保证。

1.2 背　景

1.2.1 技术背景

随着现代信息技术的快速发展，物联网、大数据、云计算等高新科技在工程建设质量管理领域的广泛应用为传统质量监控模式的转型升级提供了较为坚实的基础。机器人是制造业皇冠顶端的明珠，其研发、制造、应用占比是衡量一个国家科技创新和高端制造业水平的重要标志。《“十三五”先进制造技术领域科技创新专项规划》中明确提出要推进我国机器人面向制造业典型行业的研发与应用，实现我国机器人技术与产品的典型领域拓展应用。

轨枕制造一般具有劳动力密集和重复作业的特点，具有人工成本过高、产能过剩和资源环境约束加大等问题。研究开发面向恶劣高危和非结构化重复作业环境的智能机器人并在轨枕制造业中进行示范应用，符合国家推进供给侧结构性改革和促进经济提质增效转型升级的产业政策。

智能制造是指“人机一体化智能系统”，基于新一代信息通信技术与先进制造技术的深度融合，贯穿于设计、生产、管理、服务等制造的各个环节，具有自感知、自学习、自决策、自执行和自适应等功能的新型生产方式。

智能制造覆盖智能制造技术及其系统，其中智能制造系统不仅能够在实践中不断地充实知识库，具有自学习功能，还有搜集与理解环境信息和自身信息，并进行分析判断和规划自身行为的能力。通过人与智能机器的合作共事，扩大、延伸和部分取代人类专家在制造过程中的脑力劳动；智能制造把制造自动化扩展到制造柔性化、智能化和高度集成化。

在轨枕生产过程中研发智能制造技术，应用工业机器人，有利于企业降低人力资源成本、降低生产运行维护成本、提高生产效率、提高产品质量和生产稳定性。

以典型的轨枕制造为切入点，针对其作业环境和工艺要求，研究开发智能制造技术系统，实现生产过程整体智能化，模具智能清理，智能喷脱模剂，钢筋、套管的智能组装及安装，成品智能检测的机器人作业，对提高流水线工业的智能制造水平、拓展工业机器人应用领域和促进机器人产业链健康发展，具有十分重要的意义，这也是未来工业制造技术发展的方向和趋势。

1.2.2 工程背景

郑万高铁（郑州—万州）重庆段正线线路起始于鄂、渝省界 DK635+420，终于万州北站 DK819+278，正线全长 184 km，桥隧占比 98%。本段线路位于重庆市境内，沿线自湖北巴东县引入，经重庆市巫山县、奉节县、云阳县，最后至万州区（见图 1-2），设计行车速度 350 km/h。

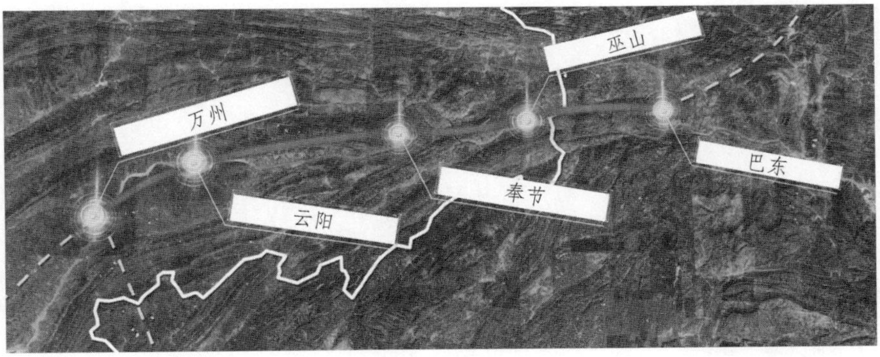

图 1-2 线路平面图

郑万高铁重庆段轨枕场负责 58.25 万根双块式轨枕预制工作，占地约 44 000 m^2，场建采用永临结合的方式。轨枕型号为 CRTS Ⅰ型无砟轨道 SK-2 型双块式轨枕，技术条件满足 TB/T 3397—2015《CRTS 双块式无砟轨道混凝土枕》规范要求，轨枕生产线采用机械化生产线。为提高生产线的标准、精度、效率和产品质量，降低能耗，结合该生产线开展智能化整体技术提升研究与应用实践。该高速铁路轨枕智能化制造技术采用全机械化长模（2×4 型）轨枕生产线，该项技术在长模智能化施工工艺上没有成熟先例可供借鉴，属国际首次。同时，因涉及新技术较多，如工业 PLC（可编程逻辑控制器）控制技术、精确定位技术、3D 扫描测量技术、人工智能深度学习技术，以及 MES 系统（制造执行系统）、仿真软件、云平台应用等，涉及多学科综合，难度巨大。

2

高速铁路双块式轨枕场建设技术

2.1 轨枕场概况

2.1.1 总体概况

郑万高铁重庆段轨枕场位于郑万铁路奉节车站维修车间用地范围内，建设用地采取永临结合方式，如图 2-1 所示。郑万高铁重庆段轨枕场主要负责全线 58.25 万根 CRTS Ⅰ 型无砟轨道 SK-2 双块式轨枕的预制，轨枕预制工期为 2 年 3 个月。

图 2-1　轨枕场平面效果图

2.1.2 轨枕场设置及交通情况

轨枕场临近长江及高速公路，位于县道旁约 50 m，距离高速公路出口约 4 km，交通便利，大宗材料主要通过高速公路送达。工厂建设采用永临结合的方式，节约成本，并能满足材料、设备和产品的运输需要。

2.1.3 轨枕场平面布置

根据现场实际情况，轨枕场先期完成路基土方施工，在基床顶面施工设备基础，进行水电气管路预埋，然后进行场地硬化，完成后进行彩钢房、生产车间安装，最后安装调试设备等。总体安排先施工场区范围，后施工存枕区范围。

轨枕场总体布置呈长方形，共设置 6 个功能区，分别为办公生活区、试验区、轨枕养护区、轨枕生产区（含保障区）、轨枕存放区、混凝土制备区，如图 2-2 所示。

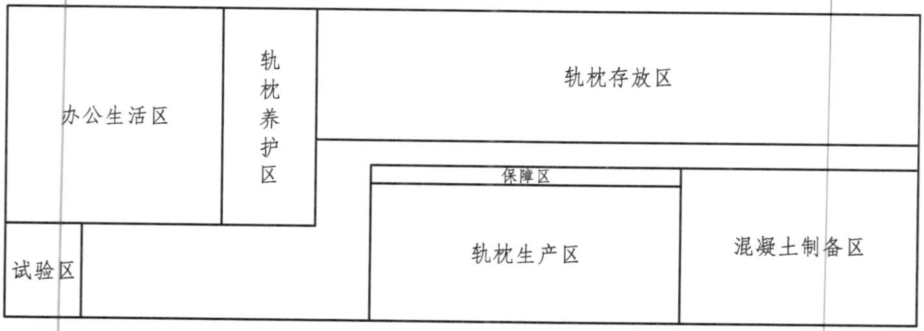

图 2-2 轨枕场平面布置图

2.1.4 地形、地质和气候特点

轨枕场所在地奉节县朱衣镇，属构造剥蚀丘陵地貌，场区范围主要为缓冲洪积堆形成的缓坡阶地。

沿线主要岩土有块石土、松软土、细砂、粗砂、细圆砾土、粗圆砾土、卵石土、漂石土、粉质黏土、泥灰岩、白云岩、夹泥岩。

奉节县属于中亚热带湿润季风气候，日照充足，夏季炎热，冬季暖和，雨量充沛，无霜期长，日照时间长；海拔高度变化很大，受地形地貌影响，垂直变化较为明显，形成典型的立体气候。

2.2 轨枕场主要参数的确定

2.2.1 生产线选型

基于工期及生产效率等方面考虑，与1×4生产线进行了比选分析（见表2-1），最后拟采用2×4轨枕生产线。

表2-1 生产线比对

序号	项目	2×4生产线	1×4生产线	比对结果
1	生产效率	1次生产8根，5 min 1节拍	1次生产4根，4 min 1节拍	生产效率：2×4生产线是1×4生产线的1.6倍
2	兼容性	能生产双块式轨枕及传统预应力轨枕，比如ⅢC、Ⅲa、Ⅲqc型轨枕及各类型地铁枕等	只能满足单一的双块式轨枕的生产，不能兼容其他轨枕加工	2×4生产线比1×4生产线适用范围广
3	成本	按单班产量800根（100套模具）计算成本为350万元	按单班产量800根（200套模具）计算成本为400万元	2×4生产线比1×4生产线成本低
4	简化程度	脱模翻转机构简单、易操作	脱模时需要大型翻转机构	在实现同种功能的情况下，2×4生产线工序较简洁
5	实际应用单位	兰新线、宝兰线、郑万河南段、黔张常线等项目	贵广铁路贺州轨枕场、郑万湖北段等	应用都比较广泛

2.2.2 设计生产能力

轨枕场共计生产 58.25 万根轨枕，考虑供应标段的供应工程量和生产工期、成品库库容量条件，将轨枕生产分为几个不同的阶段，单班、双班搭配生产。工装配置按每天 1 920 根配备，每个月生产 25 天，设计生产能力满足工期要求。

2.2.3 生产能力分析

在实际生产过程中，尚需考虑其他因素的影响，制枕实际生产周期与桁架加工设备的工效、混凝土原材料及配合比、养护方式、混凝土强度及弹性模量增长速度等密切相关，现场应根据工程项目实际情况合理确定模型和窑池数量。

（1）模具数量的确定（仅供参考）：

$$M = T_g n_1 \eta$$

式中 M——轨枕生产总数量（根）；

T_g——总工期生产时间（min）；

n_1——生产线套数；

η——生产线效率（根）。

$$\eta = n_2 n_3 n_4 n_5$$

式中 n_2——每日工作班数；

n_3——每套模具每班循环次数，n_3=每工作班总时长/一套模具循环一次的时间（一般为 1）；

n_4——模具套数，$n_4 \leqslant N$；

n_5——每套模具轨枕数量（根）。

$$N = T / t_0$$

式中 N——生产线能容纳最大模具数量（套）；

T——每工作班总时长（min），一般为 12 h；

t_0——每工位最大生产节拍（min）。

每工位最大生产节拍为各工序占用生产时间最大值，2×4 双块式轨枕生产线取 6 min；每工作班按照 12 h 计算，配置模具 120 套。双班生产时，模具可以周转使用，一般情况下，模具最大配置数量为 120 模。另外双班生产时，需要考虑混凝土强度的因素，如果静停、升温、恒温、降温 4 个阶段总养护时间大于 12 h，养护时间在 12 h 的基础上，每增加 1 小时，增加 10 套模具。各制枕场在模具配置时应根据总生产量、工期要求、生产线数量等因素综合考虑。

（2）养护窑设计数量 N（仅供参考）：根据车间及生产线规划每个养护窑存放模具数量 Y_{n}，根据模具总数量及每个养护窑存放数量确定养护窑数量，生产时需预留 2 个周转窑。

$$N = M / Y_{\mathrm{n}} + 2$$

式中 N——养护窑数量；

Y_{n}——养护窑存放模具数量。

双块枕生产线采用 2×4 长模生产时，养护窑平面尺寸可采用 12 m（长）×2.5 m（宽），每个养护窑可放置两排模具，每个养护窑深度可根据养护窑放置模具数量规划，深度不宜超过 4.5 m（可放置 10 层）。养护窑底部需设置两条模具支撑横梁，高度不宜小于 15 cm，防止模具养护过程中泡水。养护窑侧壁需要加设两条防撞槽，防止采用桥式起重机吊运模具时，模具摆动撞击养护窑侧壁。

（3）双块枕养护区需要建设养护车间，车间面积可按下式计算（仅供参考）：

$$S = \frac{N}{n} S_1 + S_2$$

式中 S——养护棚总面积（m^2）；

N——7 d 最大生产量（根）；

n ——每垛根数；

S_1——每垛占地面积，包含每垛之间的距离（m^2）；

S_2——预留叉车通行面积（m^2）。

（4）双块枕存放区面积可按下式计算（仅供参考）：

$$A_s = \frac{N}{n} S_1$$

式中 A_s——双块枕存放区域占地面积（m^2）；

N ——双块枕计划储存量，可根据制造、存放、使用三者每月数量关系确定（根）；

n ——每垛根数；

S_1——每垛占地面积，包含每垛之间的距离（m^2）。

2.2.4 存枕区面积

轨枕存放区主要实现轨枕的储存功能；轨枕存放区面积应满足施工组织设计对制枕速度、存枕数量和相关技术条件对轨枕存放的要求。轨枕存放区面积可按下式计算：

$$A_s = TNt_g / (4 \times 8) \times 1.3 \times (2.4 + d)$$

式中 A_s——轨枕存放区域占地面积（m^2）；

T ——存枕周期（月）；

N ——轨枕每日生产量（根）；

t_g ——每月实际工作天数（d），可取 25；

d ——轨枕垛与垛之间的空隙（m），无资料时可取 0.2。

2.3 轨枕场主要功能区设计

2.3.1 场房布置

轨枕生产车间采用规格尺寸为 24 m×100 m 的轻钢结构，牛腿标高

8 m，钢筋车间采用尺寸为 18 m×100 m 的轻钢结构，2 个场房中间共用一排支腿。

2.3.2 轨枕预制生产区

内设 1 台 10 t 自动出入窑设备，用于吊运轨枕模具出入养护窑。双块式轨枕生产采用机组流水线法，由钢模具、模具输送辊道、混凝土灌注设备、振动台、翻模机、轨枕传送辊道、链式传送机、模型清理区、扣件安装台位等组成。

为增大安全系数，轨枕车间生产线布置以尽量减少桁车吊运工作为原则，能在地面完成的工序操作不进行吊运作业。

养护窑池底结构主要承受模型与混凝土重量，每套模型含混凝土质量 5 t，4 点支承。每个养护窑放置 20 模，放置 2 列。考虑起重机下放钢模时，冲击作用使受力加大，因此养护窑池底采用筏板基础。养护窑池壁偶然承受钢模低强度冲击，因此采用钢筋混凝土池壁。制枕养护窑施工前先进行地基承载力检查，检查数值均大于 200 kPa，地基承载力按 200 kPa 进行设计。

双块枕蒸汽养护需要选择锅炉规格。轨枕蒸汽养护的耗热量计算主要考虑升温空间、恒温空间和降温空间的热量损耗，轨枕的静停环境温度为 5 ~ 35 °C，根据项目的实际情况，考虑热量损耗，对耗热量进行计算的目的是最终确定蒸汽锅炉的承受负荷。需要考虑的热量损耗因素包括：

（1）模具及附属结构所消耗的能量 Q_1。

$$Q_1 = G_1 \cdot c_1(T_h - T_a) + G_2 \cdot c_2(T_h - T_a)$$

式中 Q_1——加热模板和附属结构所需热量（kJ）；

G_1、G_2——模板和附属结构的质量（kg）；

c_1、c_2——模板和附属结构的比热容[kJ/（kg · K）]；

T_h——模板和附属结构的温度（°C）；

T_a——环境温度（°C）。

（2）加热轨枕制品所消耗的能量 Q_2。

$$Q_2 = \rho \cdot c \cdot V(T_h - T_0)$$

式中　Q_2——加热混凝土所需热量（kJ）；

ρ——混凝土表观密度，取 2 400 kg/m^3；

c——混凝土比热容，取 1.0 kJ/（kg·K）；

V——混凝土体积（m^3）；

T_h——混凝土恒温温度（°C）；

T_0——混凝土浇筑完毕时的温度（°C）。

（3）养护窑围护结构、门窗、管道等所消耗的能量 Q_3。

$$Q_3 = 3.6A \cdot K \cdot t_1 \cdot \omega(T_p - T_a) + 3.6A \cdot K \cdot t_2 \cdot \omega(T_h - T_a)$$

式中　Q_3——在周围环境中散失的热量（kJ）；

A——散热面积（m^2）；

K——围护层的传热系数[W/（m^2·K）]；

ω——透风系数，查表取用；

T_p——混凝土平均温度（°C）；

t_1——升温阶段所经历的时间（h）；

t_2——恒温阶段所经历的时间（h）；

T_h——混凝土恒温温度（°C）；

T_a——环境温度（°C）。

（4）充满养护窑空间所消耗的能量 Q_4。

$$Q_4 = 1\,256V_s$$

式中　Q_4——蒸汽充满自由空间的耗热量（kJ）；

1 256——每立方米蒸汽的热容量（kJ/m^3）；

V_s——自由空间体积（m^3）。

（5）蒸汽用量。

$$G_z = \frac{(Q_1 + Q_2 + Q_3 + Q_4)\beta}{2\,500}$$

式中 G_z——蒸汽用量（kg）;

β——损失系数，取 1.3 ~ 1.5;

2 500——蒸汽含热量（kJ/kg）。

2.3.3 钢筋加工、存放区

桁架加工车间设置一台桁架自动焊接生产线，一台自动弯箍机，一台 10 t 门吊。钢筋加工、存放区共占地 735 m^2（105 m×7 m）。双块式轨枕的钢筋从存放、加工、焊接都在钢筋区完成，因此分别设置钢筋桁架自动焊接生产线、箍筋生产线、原材料存放区、半成品存放区 4 个区域。

原材料存放区：14 m×7 m；桁架自动焊接生产线：51 m×5 m；箍筋生产区：40 m×5 m。根据设备厂家提供的双块式轨枕钢筋生产设备的生产能力，按照单班作业时间 10 h 计算，单日产量约为 1 200 根轨枕钢筋，可以满足生产线生产轨枕的钢筋用量。

根据以往施工经验，考虑到钢筋桁架设备故障率问题，钢筋桁架存放区布置满足不少于 7 天生产需要，场地布置时预留第二套桁架生产线空间。

2.3.4 混凝土制备区

轨枕生产按照每小时生产 80 根轨枕，每小时所需混凝土为 0.089 m^3×80=7.12 m^3，选用 60 型立轴行星式搅拌站 1 台，搅拌站一盘出料的数量为 1.0 m^3，生产时间为 4 min，每小时可拌和 15 m^3，能满足混凝土连续供应需要。

配套使用 6 个 150 t 罐，满足生产要求。拌和区设在轨枕生产车间东侧。出料口设施在布料机对等位置，车间外侧，中间使用传送皮带进行混凝土运输。此区域配备装载机 1 台，负责上料、洗石及场区其他工作。

双块枕对石子含泥量要求较高，需购置一台洗石机。为保护当地环境并保证洗石水质干净，同时配备一套净水设备。为保证砂的质量，同时配备一台筛砂机。

料仓设计 10 个仓，包含 1 个洗石仓及 1 个筛砂仓。

粗骨料 2 个料仓，2 个料仓尺寸为 16 m×10 m×3 m，最大存料量 960 m^3，约可拌和 960 m^3×1 400/786=1 709.9 m^3 混凝土，可供应 1 709.9/142.4=12 个工作日；细骨料 2 个料仓，料仓尺寸为 16 m×6 m×3 m，最大存料量 576 m^3，约可拌和 576 m^3×1 400/337=2 392.9 m^3 混凝土，可供应 2 392.9/142.4=16.8 个工作日；中粗砂 4 个料仓，料仓尺寸为 16 m×10 m×3 m，最大存料量 1 920 m^3，约可拌和 1 920 m^3×1 500/688=4 186 m^3 混凝土，可供应 6 186/142.4=43.44 个工作日。

2.3.5 轨枕养护区

轨枕养护棚占地面积 2 400 m^2，通道设计 4 m 宽，水养棚最大存枕能力 n=[80×（30−4）−17×6]/（3.38/32）=1.87 万根。水养棚设一个蓄水池，结构尺寸为 8 m×4 m×3 m，最大可蓄水 96 m^3，通过主管道接到轨枕二次养护车间，对轨枕进行喷淋养护。轨枕在养护后由叉车倒运至车间外轨枕存放区进行存放。

水养棚顶部布置雾化喷头，沿管线间距 1 m 一个，地面、棚顶及两侧均铺设 6 个分水管，场棚外设有监视系统，内部有控制系统，当里面湿度低于要求时，自动开启喷淋设施。水养棚中间预留 4 m 叉车通道。

2.3.6 轨枕存放区

双块枕存放区面积可按下式计算：

$$A_s = \frac{N}{n} S_1$$

式中 A_s——双块枕存放区域占地面积（m^2）；

N——双块枕计划储存量，可根据制造、存放、使用三者每月数量关系确定（根）；

n——每垛根数；

S_1——每垛占地面积，包含每垛之间间距（m^2）。

2.3.7 施工用电设计

轨枕场装机总容量：钢筋生产设备 500 kW（设备启动），轨枕生产设备 181 kW，搅拌机设备 120 kW，办公生活区 100 kW，合计 901 kW。共设 2 台变压器，1 台 1 000 kV·A 变压器设备供整个搅拌站、箍筋生产、办公生活区使用，1 台 630 kV·A 变压器供桁架生产线自动化设备使用。另配一台 500 kW 柴油发电机作为备用电源。

2.4 资源配置

2.4.1 主要生产机械设备配置

从轨枕生产的整个工艺流程来看，轨枕生产的机械设备主要包含有混凝土生产设备、钢筋自动生产设备、轨枕生产及养护设备、轨枕生产辅助设备。轨枕生产采用自动化流水线作业模式，每个环节紧密相扣，因此场内的机械及相关人员也必须进行合理化配置，保证生产的同时也不造成资源浪费。机械配置如表 2-2 所示。

表 2-2 主要生产机械设备配置

序号	名称	单位	数量
混凝土生产设备			
1	搅拌站	座	1
2	装载机	台	1
3	电子汽车衡	台	1
4	筛砂机	台	1
5	洗石机	台	1
6	洗石净水设备	台	1

续表

序号	名 称	单位	数量
轨枕生产及养护设备			
7	模具传送辊道	组	7
8	单辊传送辊道	组	1
9	倾翻传送辊道	组	1
10	脱模传送辊道	组	2
11	振动台	组	1
12	高架轨道、运灰车	组	1
13	翻转脱模机	台	1
14	缓冲翻模轨道	组	4
15	轨枕脱模机	台	1
16	轨枕码垛机	台	1
17	自动钢模吊具	个	2
18	温控系统	套	1
19	钢模	套	120
钢筋自动生产设备			
20	桁架自动焊接生产线	台	1
21	箍筋自动加工设备	台	1
轨枕生产辅助设备			
22	生物质锅炉	台	1
23	锅炉除尘设备	套	1
24	变压器 1	台	1
25	变压器 2	台	1
26	发电机组	台	1
27	桁车 1	台	2
28	桁车 2	台	1
29	叉车	台	2

2.4.2 主要试验仪器

试验仪器主要有：压力试验机、万能材料试验机、混凝土含气量测定仪、干燥箱、水泥物理检验全套设备、试验室用振动台、砂石成套筛、试验用强制式搅拌机、标准养护室、标准养护箱、混凝土贯入阻力仪、混凝土氯离子电通量测定仪和混凝土弹性模量测定仪。

2.4.3 主要检测仪器

检测仪器主要有：大、小轨距测量仪，坡度、扭曲测量仪，孔径规，底角距套管中心测量仪，万能角度尺，套管中心距检测仪，数显游标卡尺（2 000 mm、500 mm、300 mm/0.01 mm），组合塞尺，测量仪校正台，抗拔仪，卷尺（3 000 mm/1 mm），钢板尺（100 mm、150 mm、200 mm、300 mm/1 mm）。

2.4.4 劳动力组织

做到人员快速进场，配齐枕场班子，配全相应部室；综合办公室负责人力资源管理，要对主要管理人员和关键岗位施工人员建立台账，并确保人员的专业、技术业务能力符合认证要求，以便快速开展各项施工准备工作，动态掌握上岗人员的变动情况。

3 高速铁路双块式轨枕智能化制造技术

3.1 生产工艺

3.1.1 生产流程

双块枕在生产车间内采用机械化、自动化生产线生产，并设置 12 个工序进行生产，主要含桁架加工、箍筋加工、模具清理、喷涂脱模剂、套管安装、钢筋安装、混凝土浇筑、模具出入窑、轨枕养护、轨枕脱模、轨枕检测、轨枕码垛。双块式轨枕生产工艺流程见图 3-1。

3.1.2 主要加工设备及材料质量要求

SK-2 型双块式轨枕的预制加工生产线采用了半自动闭合环方式运作，通过模具的环形移动来完成轨枕的预制生产。每完成一套模具轨枕的生产，时间为 3 ~ 5 min，生产能力约为每小时 80 根轨枕。其生产线中主要加工设备包括数控弯箍机、钢筋冷轧机、钢筋拓架焊接机、模具吊机、混凝土输送机、混凝土振动台、混凝土养护监控系统、蒸养锅炉、脱模机、轨枕吊具、运输桁吊、起重桁吊等。

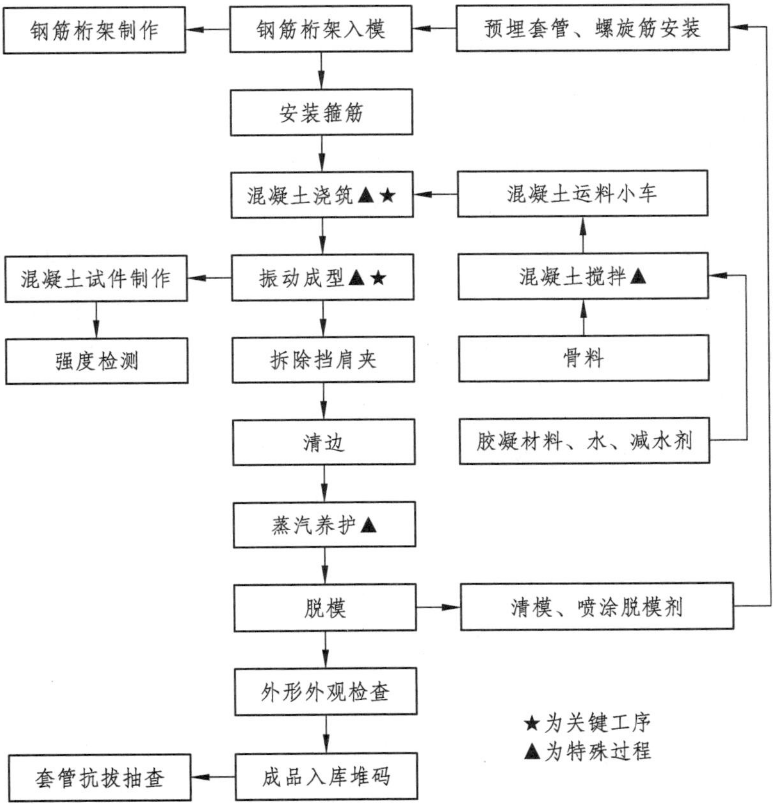

图 3-1 双块式轨枕预制生产工艺流程

在预制加工过程中，对各材料的质量要求如下：

（1）水泥骨料质量要求。

水泥采用不低于 P.O42.5 普通硅酸盐水泥（低碱），不应使用早强型水泥。水泥碱含量应不超过 0.60%，三氧化硫含量应不超过 3.0%，氯离子含量应不超过 0.06%，熟料中的 C_3A 含量应不超过 8%，其他技术要求应符合《铁路混凝土》（TB/T 3275）、《CRTS 双块式无砟轨道混凝土轨枕》（TB/T 3397）和《通用硅酸盐水泥》（GB 175）的规定。

水泥进场时，核对水泥生产厂家的质量证明书，检查进场水泥的生产厂名、品种、强度等级、质量、出厂日期、出厂编号及是否受潮等。水泥厂家应在水泥发出之日起 32 天内补报 28 天强度检验结果。

（2）钢筋质量要求。

预制加工中所需钢筋应按照同厂家同规格和同批号每 60 t 作为检验批次进行送检，其检验项目包括钢筋的抗拉强度、屈服强度冷弯和伸长率等。冷轧加工中采用的是低碳钢热轧圆盘条，经过冷轧后形成 CRB55 带肋钢筋，要求冷轧后钢筋的工艺性能及力学性能均应满足规范设计的要求，其抗拉屈服强度应分别不低于 55 MPa 和 500 MPa，伸长率则不宜低于 8.0%。

3.2 传统工艺存在的问题

3.2.1 模具清理

传统模具清理是由 4 名工人用抹布和刮刀对模具上的混凝土和模腔内的残渣进行清理，由于人为因素会导致模型清理不到位，效率比较低，且在操作过程中有扬尘情况。

3.2.2 喷涂脱模剂

传统喷脱模剂的方式是 1 人拿着喷枪对模型壳体进行喷洒，另外 1 人用抹布将喷涂后多余积液擦拭均匀，该方式效率低，并污染车间空气。

3.2.3 套管组装、安装

螺旋筋和套管用人工组装，套管安装工序由 4 名工人完成，人工将组装好的螺旋筋和套管用螺杆固定在磨具上，工人操作平台狭窄，特别是螺杆安装需要在模具下方安装，不便操作。

3.2.4 钢筋自动组装、安装

传统桁架钢筋、箍筋安装采用人工安装，4 名工人分别将桁架放入模型卡槽中固定，然后将箍筋放入模腔，再用小挂件将桁架和箍筋连接，工人之间相互协调性较低，操作烦琐。

3.2.5 轨枕自动出入窑

传统方式是人工操作桁车并控制吊架来对模型进行吊装作业，吊架稳定性低，不易操作，存在安全隐患。

3.2.6 轨枕检测

传统的双块式轨枕外形尺寸检测主要使用定制的专用检测工具，检测工具种类 多，不同的参数使用不同的检测工具，而且每个轨枕场使用的检测工具也不统一。因此，检测过程操作烦琐、检测效率低，同时，不同的检测人员检测，对检测结果的影响也不同。

3.3 工位设置

重庆奉节轨枕场轨枕生产共 12 道工序，设置了 12 道配套工位，通过对模具自动清理、脱模剂自动喷涂、套管自动组合安装、桁架钢筋和箍筋自动组合安装、模具自动出入窑、智能检测喷码等 12 个工位进行智能改造升级，大幅减少人工操作，并且通过网络互联互通，使上述功能有机结合、协同作业，形成高速铁路轨枕生产管理信息化系统。改造升级的 6 个工位见表 3-1。

表 3-1 双块式轨枕 12 个生产工序

序号	工序名称	改造前生产模式	新技术
1	桁架焊接	自动焊接	智能焊接
2	箍筋加工	自动加工	智能加工
3	模具清理	人工清理	智能清理
4	喷脱模剂	人工喷涂	智能喷脱模剂

续表

序号	工序名称	改造前生产模式	新技术
5	安装套管	人工安装	智能安装套管
6	安装钢筋	人工安装	智能安装钢筋
7	混凝土布料	自动布料	智能化布料
8	模型出入窑	人工操作	智能出入窑
9	蒸汽养护	自动蒸养	智能养护
10	轨枕脱模	自动脱模	智能脱模
11	轨枕检测	人工检测	智能检测
12	轨枕码垛	自动码垛	智能码垛

（1）桁架制作工位。

桁架加工生产线只需一人操作系统平台，就可进行自动放线、矫直、弯曲成型、焊接、成品收集、码放等工作，具有较高的自动化生产能力。

（2）箍筋制作工位。

根据箍筋图纸对数控弯箍机进行编程，面板上显示箍筋形状；自动弯箍，只需 1 人收集箍筋并码垛。

（3）模具清理工位。

施工人员采用专业工具如砂布、钢丝刷、角磨机等清理模具腔内的混凝土残渣、黏皮等其他附着物。

（4）喷涂脱模剂工位。

施工人员采用专业工具喷壶在模具腔内距离模型 15 ~ 20 cm 进行喷涂。

（5）安装套管工位。

将螺栓和套管安装在钢模预留孔处，先手动拧紧螺栓和套管，安装套管时将预埋套管和螺旋筋组装在一起，然后用电动扳手逐个加固，最后逐个检查套管安装是否牢固。

（6）安装钢筋工位。

人工将加工好的箍筋、桁架钢筋放入模型，用固定件将箍筋和桁架钢筋连为一体。

（7）混凝土布料工位。

混凝土运输采用小型轨道车，运输至布料机进行浇注。混凝土布料机有位置感应器和自动控制系统精确控制其位移，确保布料机在轨枕模具上方准确移动。模具通过底部的振动台高频振动，振动台由自动控制系统控制振动时间，确保混凝土密实。

（8）模型出入窑工位。

由两排钢构柱和一台起吊装置组成，入坑时，起吊装置在清边工位自动锁住钢模，吊起到达设定位置，将钢模缓缓落入养护窑。出窑时，起吊装置在窑内自动将钢模锁住，到达脱模台位，自动松开。

（9）蒸汽养护工位。

混凝土浇筑完成后用吊具将轨枕带模吊在养护坑内进行蒸汽养护，养护分为静置、升温、恒温、降温四个阶段。

（10）轨枕脱模工位。

当混凝土试件抗压强度≥40 MPa，用专用吊具将钢模吊至脱模辊道，利用翻转脱模装置进行翻模。用电动扳手将套管定位螺栓取出，然后脱模机构通过气锤反复撞击钢模边缘直至脱模完成。

（11）轨枕检测工位。

人工拿着专用工具对轨枕外形、外观和裂纹情况进行检测。

（12）轨枕码垛工位。

轨枕由自动码垛机每 4 根一层每垛 8 层进行码垛，由转运设备运送至水养区码放并进行水养护，根据生产时间、批次分别存放。

整个生产过程应用 12 项智能化技术，大幅减少人工操作，并且通过网络互联互通，使上述功能有机结合、协同作业，形成高速铁路轨枕智能化生产管理系统。

4 桁架制作智能化技术

4.1 桁架生产、运输

4.1.1 传统工艺及存在的问题

目前，传统桁架生产采用人工弯箍机及人工焊接，并采用桁吊或人工叉车进行运输，生产效率较低。现场已采用数控桁架焊接生产线施工桁架。

4.1.2 方案比选与确定

桁架生产选择数控桁架焊接生产线，实现桁架自动加工。桁架运输可选用两种方式进行：方案一为增加桁架运输通道，加工成型的桁架通过运输通道直接运输至桁架安装平台；方案二为利用智能无人叉车（AGV），抓取桁架并运送至桁架安装平台。

增加运输通道占用现场作业空间，且桁架加工速度与桁架安装速度不匹配，对整体节拍影响较大，利用智能叉车（AGV）可实现桁架的运输及存储，方便现场施工。通过比选，确定采用 AGV 智能叉车进行桁架运输。

4.1.3 设计原理

轨枕全自动钢筋桁架生产线具有冷轧机组、数控弯箍机、桁架焊接机组三部分职能。AGV 小车可实现桁架运输、存放等功能。

4.1.4 关键技术

先将冷轧后的钢筋成盘，通过调直机构将每根钢筋调直并引入指定位置，形成钢筋桁架的雏形；初步定位后，将两侧的弦杆加工成波浪形，释放应力，通过高压气缸将波浪形钢筋准确固定，在定位的同时，将钢筋牢固焊接在指定位置。通过一套高压气泵联动装置，配合桁架焊接机组的 PLC 程序，同步动作，在每次钢筋桁架向前步进时，通过高压气泵形成的剪力，将斜杆的不均匀进尺调整到正确位置，再次固定定位。焊接时逐点进行，边焊边移动，从而完成钢筋桁架的全部焊接过程。之后采用液压剪将桁架整体定量截断，并自动码放至存储平台，如图 4-1 所示。

图 4-1 桁架自动弯制、焊接设备

采用 AGV 小车将加工好的桁架钢筋运输至桁架安装平台位置，当小车检测到平台位置桁架已满时，将桁架直接运输至存放场地进行存放。

4.1.5 小　结

按照设计图纸要求，双块式轨枕主要由钢筋桁架和箍筋组成，桁架断面形状为三角形，通过计算机控制桁架技术参数的成套钢筋加工生产线制作而成，包括钢筋冷轧、数控弯箍、桁架自动焊接工序流程，其他定距夹、螺旋筋和套管均采用数控设备加工而成，并利用 AGV 小车运送至指定位置，供智能桁架安装系统抓取使用。

在人员方面从原有 4 名工人减至 1 人，完全代替人工转运作业方式。

4.2 箍筋加工工位

4.2.1 传统工艺及存在的问题

采用数控弯箍机加工箍筋后，由人工捡取加工箍筋并码放整齐，通过叉车将码放整齐的箍筋运送至焊接位置，由持证的电焊工进行焊接成型。人工焊接的质量无法保证，且速度较慢，需增加多名电焊工方能保证现场施工。

4.2.2 方案比选与确定

数控弯箍机弯制成型后自动焊接，焊接工作台及工装夹具实现自动抓取和焊接并传送到组装工位，对箍筋进行固定。焊接机器人自动完成焊接作业，并将工件自动流到传送带上。

4.2.3 设计原理

基于智能机器人技术+视觉智能识别技术，使用数控弯箍机对箍筋进行自动化生产。

4.2.4　关键技术

使用箍筋弯箍机自动弯折出箍筋，由六轴机器人自动抓取到焊接台进行自动焊接，同时利用智能识别装置对焊接位置漏焊、虚焊以及焊缝长度不足等进行监测，然后由耐高温的传送带传送到桁架钢筋位置，如图 4-2 所示。箍筋自动加工和焊接为标准化作业形式，提高了产品质量。

图 4-2　箍筋自动加工和焊接

4.2.5　小　结

数控弯箍机根据智能处理系统的指令在箍筋弯制成型后自动焊接。在人员方面从原有 3 名工人减至 1 人，完全代替人工转运作业方式。

4.3　模具清理智能化技术

从传统的人工打磨清理升级为智能化无人清理。

基于智能传感和高压空气喷射技术，采用智能传感和喷砂自动清理模具。过去的人工打磨清理升级为智能打磨清理；机械设备智能除尘设施，对模具进行喷砂清理，通过智能传感系统，翻转线体对模具进行翻转，在清理房中对模腔内表面进行清洁，浮尘残渣会自动收集到收纳装置中，保证场地内环境卫生。

4.3.1 传统工艺存在的问题

双块式轨枕模具清理的传统方式是人工利用打磨机和钢丝球进行模具内腔清理作业。具体做法是，对少量或轻度铁锈用钢丝球清理，少量黏连的砂浆用铁铲铲掉，对大面积铁锈和砂浆用手持打磨机进行清理，随后用抹布对模具内打磨下来的杂物进行擦拭清理，再用高压风将小颗粒吹出模具。该方式需要 4 ~ 6 人完成，施工人员需长时间站立且用弯腰的姿势清理，易产生疲劳，施工效率和清理质量波动大。另一方面，人工清理会造成砂浆颗粒物飘浮在空中，造成环境污染和模具的二次污染（见图 4-3、图 4-4）。

图 4-3 人工清理模具一

图 4-4 人工清理模具二

设备、人员及工效指标：角磨机 4 台，操作人员共计 4 人，工效指标为 5 min/模。

4.3.2 整机设计

设备应用于轨枕长模（2×4 联）生产线智能化项目中的模具清理工位，主要使用编码器测距、气动控制及 PLC 技术，达到轨枕长模（2×4 联）的智能化清理，实现无人清理，减少了人力成本，提高了产品质量，达到了智能制造的目标。

4.3.2.1 设备组成

模具清理系统由翻转机构、辊道输送机构、喷砂机等组成（见图 4-5）。

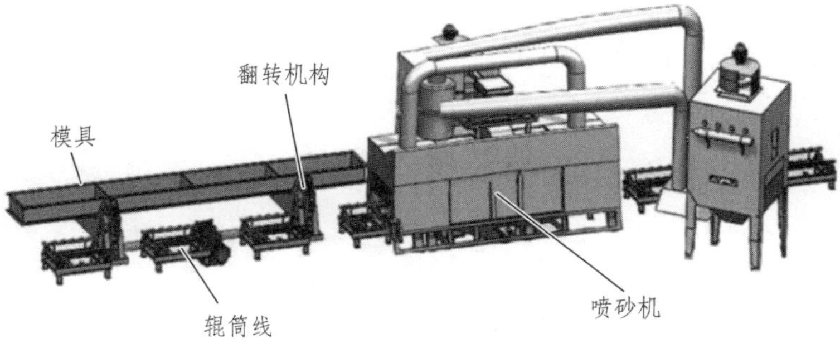

图 4-5 总装示意图

4.3.2.2 技术原理

采用智能传感和喷砂技术自动清理模具。智能除尘设施对模具进行喷砂清理，通过智能传感系统，翻转线体对模具进行翻转，在清理房中喷出高压风和金刚砂的混合体对模腔内表面进行清洁，浮尘残渣会自动收集到收纳装置中，保证场地内环境卫生。

1. 翻转机构

通过翻转机构将辊筒输送线输送过来的模具翻转 180°，放置在另一条辊筒输送线上；翻转由变频减速电机驱动缓慢旋转（见图 4-6）。

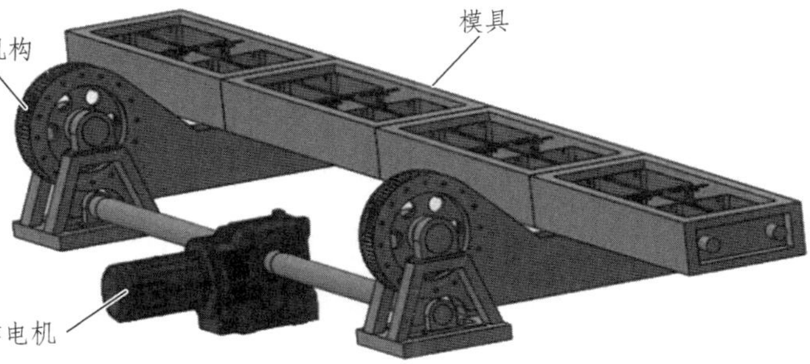

图 4-6 翻转机构

2. 辊道输送线

将翻转到线体上的模具输送到喷砂机内喷砂清理，清理完成后再输送到翻转的位置，等待翻转回去（见图 4-7）。

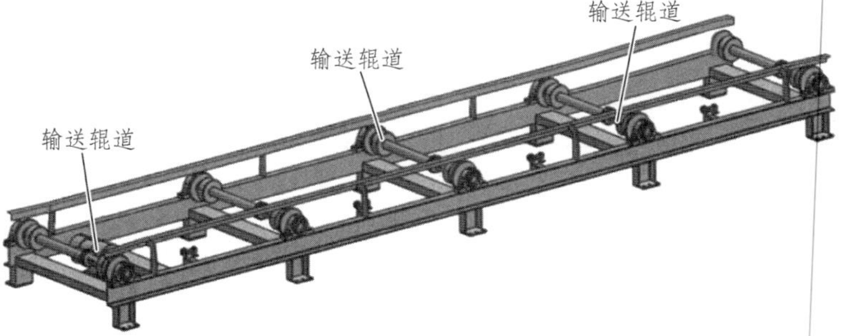

图 4-7 辊道输送机构

3. 喷砂机

采用吸入式喷砂方式，即利用压缩空气在喷枪内高速流动形成负压产生引射作用，将分砂器贮箱内的磨料通过砂管吸入喷枪内，然后随压缩空气流由喷嘴高速射到工件表面，达到喷砂清理的目的。开始工作时，压缩空气和砂料边混合边喷射，使压缩空气得到充分利用，空气的流量和砂料的流量便于调节，可得到理想的混合比，清理效率高。喷砂设备采用喷砂和集尘二合一的方式，结合中央集尘机构实现无尘化操作。一个自动化工位可实现 1/4 模具长度范围内的清模（见图 4-8）。

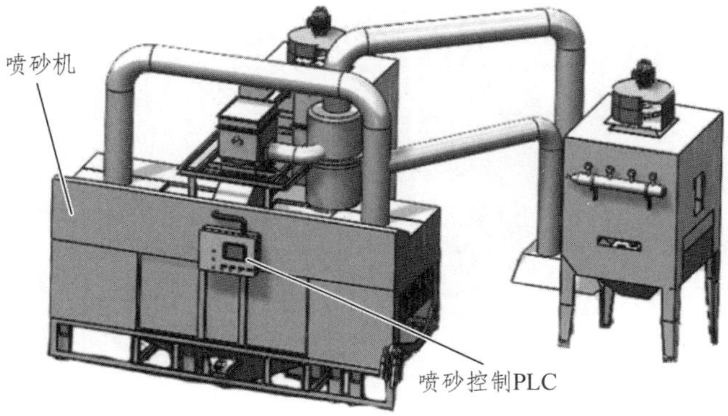

图 4-8 喷砂机

4.3.3 作业流程

模具打磨工作流程：模具进入工位→模具定位→传感器识别→机械臂启动→反转至线体→喷砂打磨→打磨完成→返回线体→返回辊道→解除固定→进入脱模剂喷涂工位（见图 4-9、图 4-10）。

图 4-9 辊道输送机构

图 4-10 喷气系统

4.3.4 关键技术

4.3.4.1 管控系统

模具自动清理涉及的管控内容包括翻转机构、辊道输送机构、喷砂机等相互影响的多源数据，增加了管控难度，对此研发了一套集成多个操作的系统平台，全面实时地对模型清理设备进行管控。

由于机械传动较多，管控系统可防止机器故障，各型功能都能单独控制，如喷枪摆动、喷枪移动、输送速度、气压大小、手动/自动喷砂自由切换等（见图 4-11）。

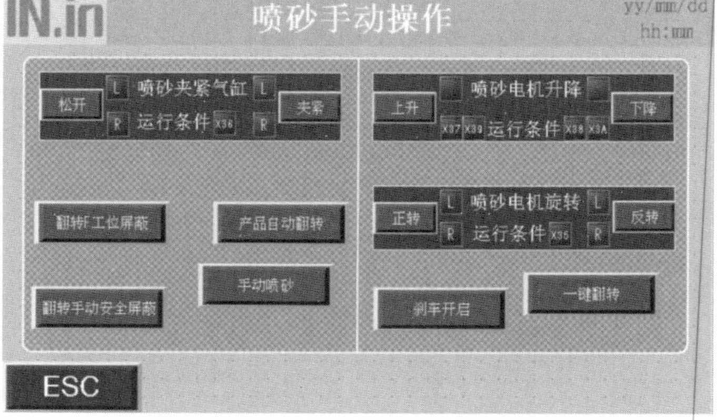

图 4-11 手动/自动切换界面

若设备在自动模式下，按下停止按钮，进入手动操作界面（见图 4-12）。

图 4-12 手动操作界面

4.3.4.2 气路系统

（1）气源应清洁、去除水分和湿气。为使系统的输出达到额定值，气源压力至少为 500 kPa。最大态颗粒尺寸小于 5 μm，最大颗粒密度为 5 mg/m^3，最大压力露点为−20 °C，最大含油浓度为 1 mg/m^3。

（2）气源的气压值为 0.5 ~ 0.7 MPa。

（3）气路中的过滤装置，应安装在距系统进气口较近的位置。过滤装置包括除湿装置，每隔 2 周须清理以保证其有效工作。为保持空气干燥，应视空气的状态定期排空过滤装置，应确保每天清理过滤装置；设备正常使用一周后，可根据气源质量，建立定期清理时间表。

（4）气源到系统之间最长的长度不能超过 30 m，若安装条件许可，管路尽量短且直，太长的传送管路和过多的接头（弯头或三通、球阀等），会增加阻力和摩擦，最终将衰减压缩空气的压力。若系统内使用快速接头，其通径至少为 10 mm，使用更小的接头会影响操作。

（5）触发气缸，观察气缸的出气速度。如果模型清理力度不够，通过旋转气缸的速度调节器，调整气缸的出气速度（见图 4-13）。

同时采用自动脉冲除尘，增加粉尘清理台车，增加风压检查表，随时掌握除尘效果。

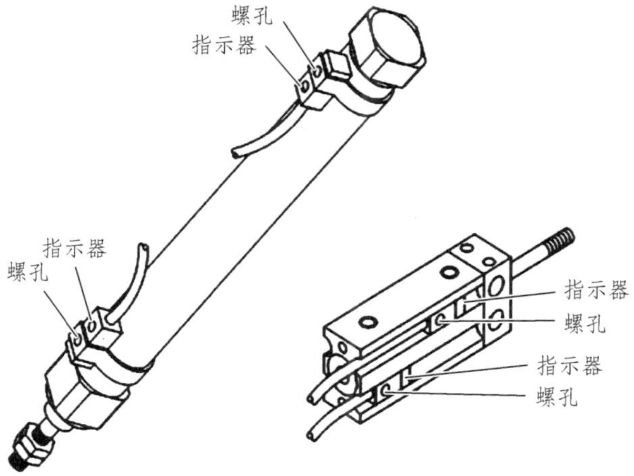

图 4-13 速度调节器

4.3.5 小 结

（1）与其他工位实现了互联互通，状态可监控，模型清理根据模具清理面积计算，清洁率达到了 100%。

（2）本机采用吸入式喷砂，利用压缩空气在喷枪内高速流动形成负压产生引射作用，压缩空气和砂料边混合边喷射，使压缩空气得到充分利用，空气的流量和砂料的流量便于调节，能得到理想的混合比，能源和砂料消耗少，清理效率高。

（3）模具内清理效果满足工艺要求。从原有 4 名工人减至 0 人，完全代替人工清理作业方式。作业效率方面，传统人工作业方式清理需 5 min/模，而新技术清理仅需 4 min/模，节省清理时间 20%。环境保护与职业健康方面，对残渣和灰尘的收集处理减小了环境污染，消除了人员伤害及职业健康问题。

4.4 喷涂脱模智能化技术

从传统的人工喷涂脱模剂升级为智能化无人喷涂脱模剂。

采用传感定位移动喷涂技术，实现喷涂工序智能化。过去的人工喷涂脱模剂升级为智能喷涂脱模剂，通过传感器感应模腔位置，PLC 系统协调处理信号，从而控制喷涂系统对模腔喷涂。同时，雾气吸收装置会将飘散的雾化脱模剂回收。全自动喷涂工艺提升了喷涂稳定性，确保喷涂均匀一致，同时杜绝职业健康伤害，减少了环境污染。

4.4.1 传统工艺存在的问题

脱模剂喷涂是双块式轨枕预制的重要工序，脱模剂喷涂情况决定了双块式轨枕后期的外观质量。传统方式通常采用人工手持高压喷壶使脱模剂雾化并喷涂在模具内，让脱模剂附着在模具内腔表面，另外 1 人用抹布将喷涂后多余的积液擦拭。这种传统脱模剂喷涂方式会造成脱模剂喷涂不均匀而造成积液，脱模剂喷涂质量较差，从而影响了双块式轨枕的外观质量。另一方面，由于脱模剂雾化物在空气中飘浮，对车间内空气形成局部污染，长期吸入对人体有害（见图 4-14）。

图 4-14　传统喷涂脱模剂

4.4.2 整机设计

4.4.2.1 设备组成

为了提高工作效率，采用自动喷涂脱模剂机构，使用对射传感器能够快速定位模具的位置，以保证脱模剂均匀喷涂在模腔内壁。在喷涂时需要边喷涂边行走。行走采用伺服减速电机精确控制（见图 4-15）。

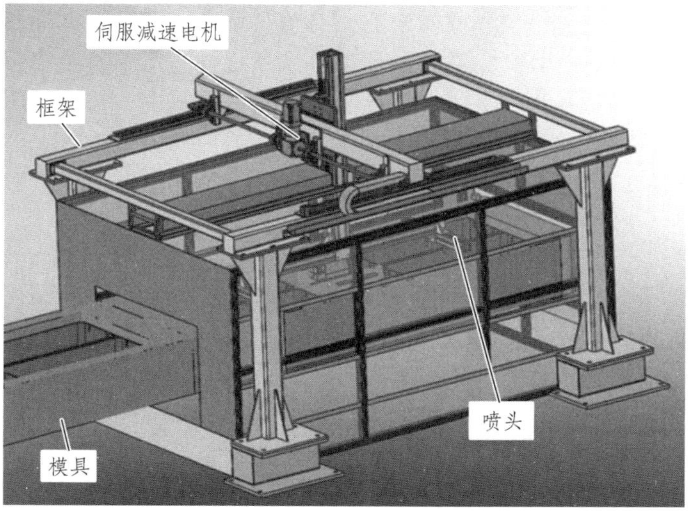

图 4-15　总装示意图

4.4.2.2　技术原理

对射传感器精确定位模具的位置，伺服减速电机将喷头精确送到位置并实现匀速行走，气压表能够测量气压大小，确保喷头能喷出雾状液体。整个喷头机构外部全加罩，以防止脱模剂污染环境，损害人体健康。在外罩一侧有排风扇，能够将内部的雾状气体抽出，然后通过液体过滤（见图 4-16）。

4.4.3　关键技术

自动喷涂设备应用于轨枕长模（2×4 联）生产线智能化项目中的模具清理工位，主要使用编码器测距、气动控制及 PLC 技术，达到轨枕长模（2×4 联）的智能化喷涂，实现无人化喷涂脱模剂，减少了人力成本，提高了产品质量，达到了智能制造的目标。

图 4-16　自动喷涂脱模剂设备

自动喷脱模剂系统用于将脱模剂喷洒在模具腔内，可以在整个模具腔内喷洒脱模剂。有固定式和移动式两种喷油装置可以选择，可分别提供固定式或移动式的模腔喷涂方式。

移动式模腔内喷涂装置，通过变频减速，控制模具的移动速度，使其按照恒定速度运动（见图 4-17）。通过传感器感应模腔位置，PLC 系统协调处理信号，从而控制喷涂系统对模腔喷涂，喷涂气压设定在 600 kPa。系统具有走行定位、速度匀速控制、雾状喷涂等功能。

图 4-17　移动式模腔清理装置

空气质量要求：

（1）固态颗粒——最大颗粒尺寸 5 μm，最大颗粒密度 5 mg/m^3；

（2）含水量——最大压力露点-20 °C；

（3）含油量——最大含油浓度 1 mg/m^3。

过滤装置安装在距系统进气口较近的位置。过滤装置包含除湿装置，每月定期清理以保证其有效工作。检查周期主要依据空气湿度。为了最大限度地减少空气湿度，可通过储气装置先行除湿或空压机站的压缩机装二次冷却装置等。

4.4.4 作业流程

模具就位→传感器感应→系统启动→气路供给→脱模剂雾化→自动喷涂→抽排系统启动→喷涂完成→进入预埋套管及螺旋筋安装工位。

4.4.5 小　结

（1）脱模剂自动喷涂设备使用桁架式三轴机构机器人，流水线上安装传感器和定位装置，能精确固定模具位置；精确设置喷嘴位置和喷射流量，确保模腔内所有区域都能被均匀喷涂；系统有自动清洁设置，避免较长时间停留后脱模剂堵塞喷管和喷嘴；容器内有自动搅拌装置，避免溶剂沉淀分层，影响轨枕脱模效果；该工位加装脱模剂雾气收纳室，能收纳处理多余雾化的脱模剂，避免对人体和环境造成影响。

（2）与其他工位实现了互联互通，状态可监控，脱模剂喷涂根据模具需喷涂面积计算，喷涂率达 100%。该套结构实现全自动的喷涂功能，大大提高了工作效率；可以利用 PLC 的控制数据，同步进入互联数据库，以及时了解生产进度。

（3）在人员方面，将传统作业方式由 2 人减至 0 人，减少人员投入。另一方面，消除了脱模剂中有毒有害物质对人体的危害，消除职业健康危害。根据工艺要求设定脱模剂用量，减少脱模剂浪费，减少施工成本。运用抽排系统集中收集多余的雾化脱模剂，统一处理，减少环境污染。

4.5 套管组装、安装智能化技术

从传统的人工安装套管、螺旋筋升级为智能化无人安装。

采用智能传感技术和机器人协同技术，实现套管安装工序智能化。过去的人工安装套管、螺旋筋升级为智能化安装；通过机械抓手抓取弹簧，然后移动到组装机上和套管进行初步旋压；在组装机初步组装完成后，坐标移载机抓取组装好的组件，再放置到模腔内进行最后旋压。通过视觉系统、位置传感器和扭矩感应系统的协调控制，保证套管位置安装精准，安装牢固。

4.5.1 传统工艺存在的问题

预埋套管及螺旋筋安装是轨枕预制中的重要组成部分，预埋套管的安装质量直接影响后期扣件是否能安装到位，从而影响到钢轨的固定情况。传统的预埋套管及螺旋筋的安装方式是使用顶升装置将模型侧翻 70°，一人在模型的正面，一人在模型的底面，在正面的人用手固定预埋套管，在底面的人用专用扳手将螺杆拧紧，套管和螺旋筋随即固定在钢模上。

人工安装方式使得施工人员长时间站立和下蹲，在模具两侧进行预埋套管及螺旋筋的安装，劳动强度巨大且长时间高强度作业会使工作人员产生视觉和身体疲劳，极易造成误差和安装失误。另一方面，由于预埋套管及螺旋筋均属于较硬材质，所以人工旋拧安装会对施工人员手掌造成一定的疲劳损伤（见图 4-18）。

图 4-18 人工安装套管

4.5.2 整机设计

4.5.2.1 设备组成

套管自动组装、安装线由弹簧机、机器人、套管螺旋筋组装系统、成品缓存台、套管螺旋筋安装系统等组成，如图 4-19 所示。

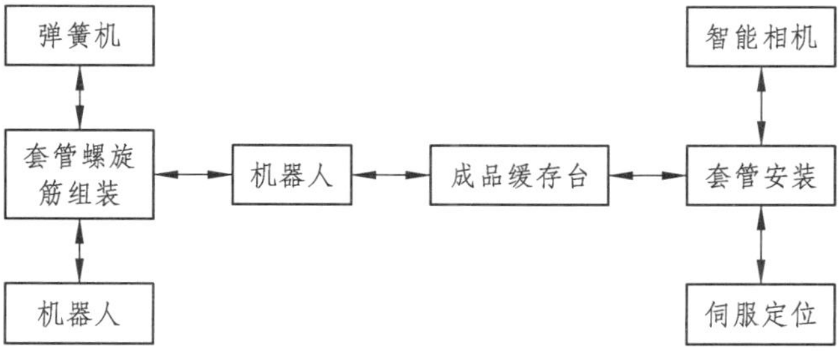

图 4-19 设备组成框架图

4.5.2.2　技术原理

套管组装、安装设备在脱模剂喷涂工位之后，桁架钢筋安装工位之前，包括螺旋筋制造，套管、螺旋筋自动组装，成品安装到模具三项功能；各功能在 PLC 程序的统一控制下，协同工作，自动完成上述操作；且设备有完善的自检功能，当某个工序或部件出现故障时，会通过人机界面直观显示，方便维护人员快速找出故障点，并及时处理。

现场制作螺旋筋并通过工业机器人抓取放置在预埋套管上，将预埋套管和螺旋筋拼装成一体，将拼装完成的预埋套管送至安装位置。以门式支架作为基础建立二维坐标系，将模具固定在相应工位上，便于定位预埋套管位置和定位轴位置。对预埋套管进行抓取，对定位轴位置进行旋拧安装。在安装过程中，对相应的旋转扭矩、圈数、时间、下降高度进行控制，多条件相互制约，保证安装精度和安装质量。应对安装完成后的高度进行检测，从而复测预埋套管安装是否符合安装要求（见图 4-20、图 4-21）。

图 4-20　现场整体安装

图 4-21 套管螺旋筋自动组装

4.5.3 关键技术

智能化设备应用于轨枕长模（2×4 联）生产线智能化项目中的桁架组装、安装工位，主要使用机器人、视觉识别、气动控制及 PLC 技术，达到轨枕长模（2×4 联）生产线中套管的智能化组装、安装，实现无人组装、安装，减少了人力成本，提高了安装精度和产品质量，达到了智能制造的目标。

套管自动组装、安装涉及的管控内容包括套管自动上料、机器人、套管螺旋筋组装、组装缓存台、弹簧加工系统、套管螺旋筋自动安装系统等相互影响的多源数据，增加了管控难度，对此研发了一套集成多个机构的系统平台，全面实时对套管组装、安装的各个机构进行管控。

由于机械传动较多，为防止机器故障，设计时使各型功能都能单独控制，如弹簧机、机器人、套管螺旋筋组装系统、成品缓存台、套管螺旋筋安装系统等。若设备在自动模式下，按下停止按钮，进入手动操作界面（见图 4-22、图 4-23）。

图 4-22 系统界面

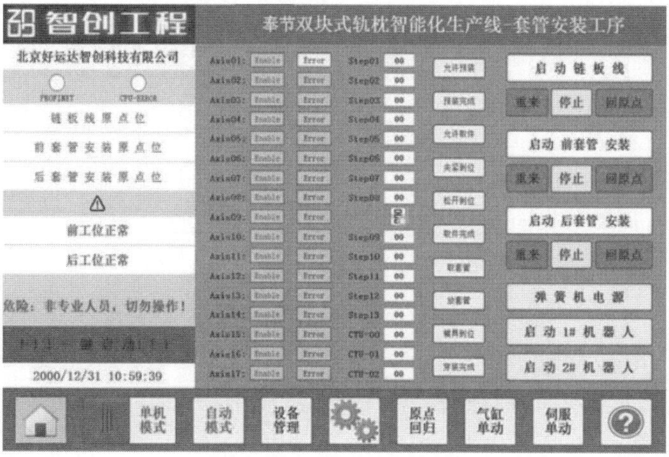

图 4-23 主界面

启动设备前，首先检查设备是否处于原点位、有无故障等，确认正常后，将设备调整为“自动模式”+“联动模式”，然后启动设备。若将设备调整为“手动模式”+“单机模式”，单击单机参数设置和单步操作可进入相应界面（见图 4-24）。

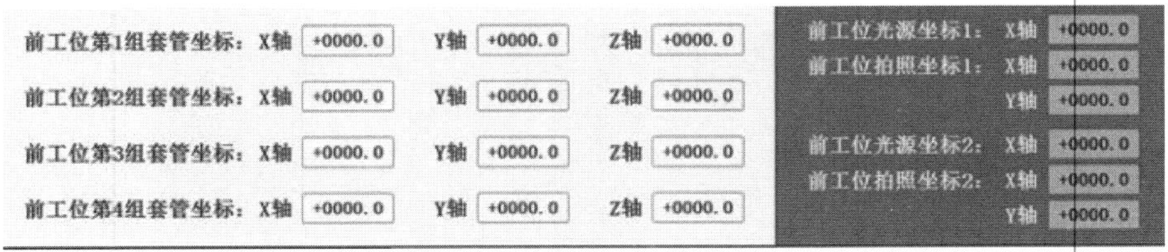

图 4-24　参数设置界面

在参数设置界面可设定缓存台套管位置、光源位置、拍照位置的相应坐标值，该坐标值在校正后切勿随便更改。技术参数指标见表 4-1。

表 4-1　技术参数指标

序号	项目	指标	备注
1	供电要求	3 AC 380 V，50 Hz×（1±10%）	
2	总功率	75 kW×（1±5%）	
3	气源压力	0.4 ~ 0.6 MPa	
4	工作温度	−15 ~ 45 °C	
5	环境湿度	20% ~ 70%	
6	控制方式	PLC、视觉识别、机器人	

4.5.4　作业流程

预埋套管放置到振动盘→螺旋筋制作→机械臂将螺旋筋套入预埋套管→预埋套管及螺旋筋旋拧拼装→摆放至送料板→运输→模具固定→定位→抓取预埋套管→安装→复测→安装完成→解除固定→进入钢筋安装工位。

4.5.5　小　结

（1）套管组装、安装采用直接加工螺旋筋，避免了外购质量不受控的情况。

（2）用专用设备分拣套管，使位置和方向固定，将组装好的半成品放到专用托盘上，通过传送带将半成品送到流水线上，使用完后再把空托盘输送回来，可以免去专人分拣、搬运等作业。

（3）通过升级安装机械臂，加装视觉系统来进行精确识别安装位置，使安装更精确，成功率更高。

（4）安装在机械手上的旋转手爪可以同时抓取 4 个位于托盘上的套筒。旋转手爪通过浮动板、摆动气缸以及弹簧等缓冲装置，可以轻微自动修正套筒的位置及角度误差。在爪头安装传感器，判断爪头是否拾取到套管，手爪携带套筒移动到安装位的上面，然后手爪上的伺服电机旋转，同时手爪逐渐下移，完成组装动作。伺服电机扭矩达到设定值后，同时套筒也下降到设定的高度，系统无报警，则认为套筒安装到位。

（5）与其他工位实现了互联互通，状态可监控，套管组装、安装成功率达 100%，工序作业时间降为 4 min，大大提高了工作效率；可以利用 PLC 控制数据，同步进入互联数据库，及时了解生产的进度情况。

（6）套管自动组装、安装将传统组装、安装方式由 4 人减至 0 人，利用自动化设备完全代替人工组装、安装作业。整个过程无须人员参与，避免了对施工人员手掌的损伤。

（7）套管自动安装设备由智能系统设定参数自动完成预埋套管和螺旋筋的安装工作，安装精度高、速度快，整体工效得到提升，提高了产品的一致性，同时消除了人工操作不当引起的套管歪斜等质量缺陷。

（8）通过对设备的试用及总结分析发现由于抓手需要抓紧预埋套管进行旋拧，会造成转手接触胶垫有磨损，极易造成抓手抓偏预埋套管。通过多材料试验和试用选择材质较硬的抓头胶垫并定期更换胶垫可以避免这一问题。

4.6 钢筋组装、安装智能化技术

传统的桁架、箍筋组装、安装升级为智能化无人安装。

采用精准定位和机器人协同技术，实现全自动数控流水组装线。过去的桁架、箍筋安装升级为智能化安装，通过机械抓手抓取桁架钢筋和箍筋，送丝机将小挂件送至桁架、箍筋安装部位，协作装配机构将三者自动组装完成。当模具精确定位后，桁架运输机器人通过视觉定位技术，控制机械手把桁架钢筋组件放入模具上的卡槽中，然后旋转压片，将桁架钢筋组件紧紧地固定到模具中。

4.6.1 传统工艺存在的问题

传统双块式轨枕钢筋组装、安装采用人工方式将箍筋和桁架钢筋放在钢模板预留槽口内，并通过箍筋固定件将桁架钢筋和箍筋进行连接固定。该方法人员投入大且长时间高强度进行钢筋安装作业，劳动强度大，对人体损伤大，安装位置不准确、施工效率慢（见图 4-25）。

图 4-25 人工安装桁架钢筋

4.6.2 整机设计

4.6.2.1 设备组成

钢筋自动组装、安装线由桁架自动上料、桁架拆分、桁架移载、箍筋自动上料、数控打钩机、机器人取钩装配、三轴移载设备组成（见图 4-26）。

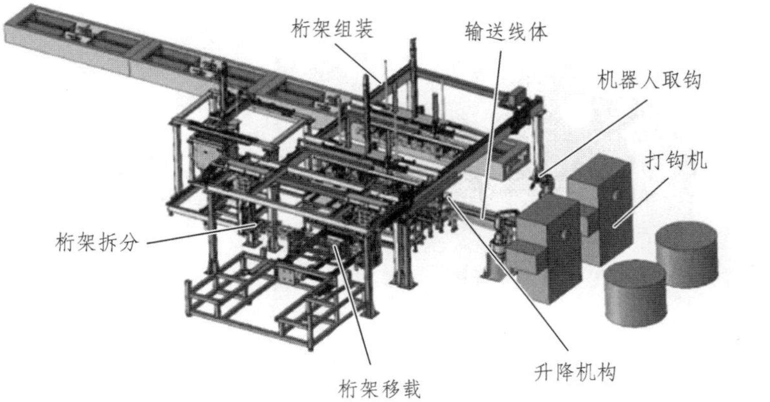

图 4-26　桁架设备主要构成

4.6.2.2　技术原理

桁架钢筋、箍筋自动安装设备系统由线体将指定位置的桁架输送至桁架分开机构，进行单个桁架上料；通过磁铁吸附住放在升降机构里面的箍筋，进行自动化单个上料。送丝机将小挂件送至桁架、箍筋安装部位，协作装配机构将三者自动组装。在组装前，为了提高工作效率，三者的动作同时进行。当模具精确定位后，桁架运输机器人将组装好的桁架箍筋组件运输到模具上面，通过视觉定位技术，控制机械手把桁架钢筋组件放入模具上的卡槽中，然后旋转压片，将桁架钢筋组件紧紧地固定到模具中。

（1）桁架上料：由叉车把焊接好的桁架放到指定位置，由线体输送至桁架分开机构，进行单个桁架上料（见图 4-27）。

（2）桁架拆分：当桁架由上料链条线送到指定位置，此时夹具对桁架进行拆分和翻转，放到输送小车上（见图 4-28）。

（3）桁架移载：由小车将桁架移载到指定位置，此时传感器识别到位后，*Z* 轴夹手下来取桁架，将桁架放在桁架输送小车上并送至下一工位进行组装（见图 4-29）。

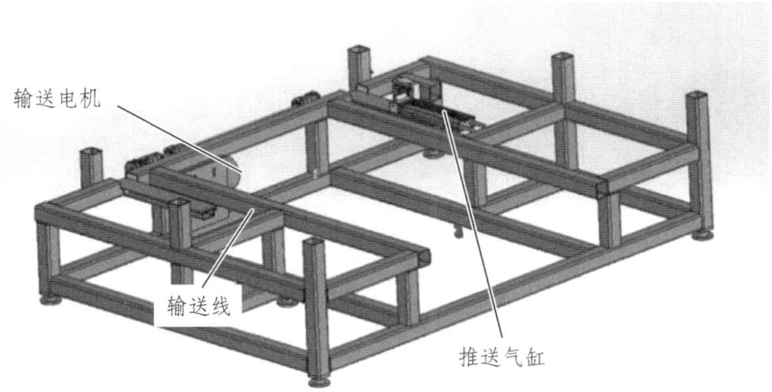

图 4-27 桁架上料机构

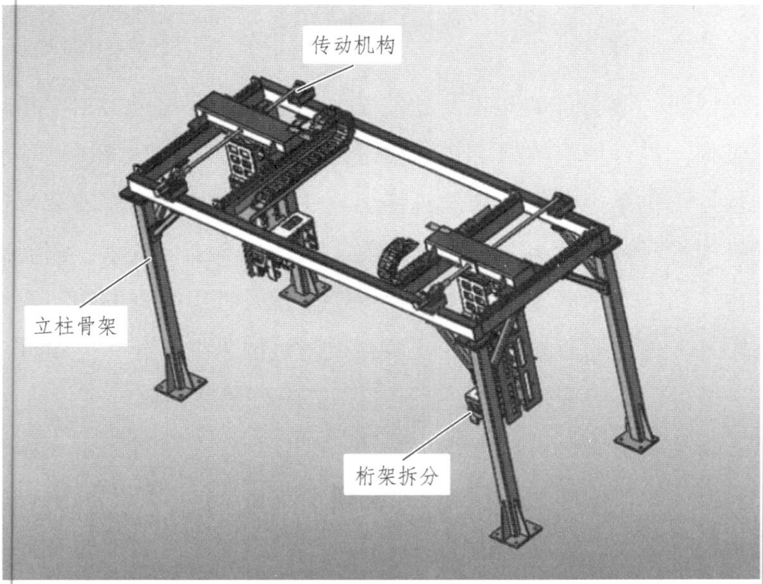

图 4-28 桁架拆分机构

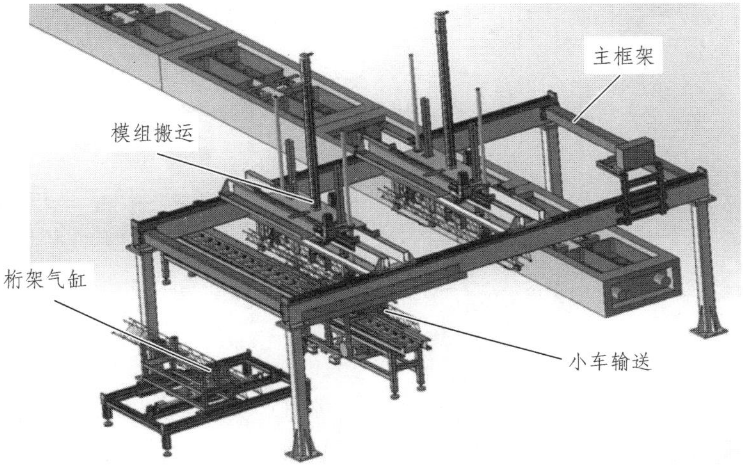

图 4-29 桁架移载机构

（4）箍筋自动上料：将机器人焊接好的箍筋放在流水线上，由流水线输送进行自动化单个上料。

（5）挂钩输送：由数控打钩机将钩子打好，由机器人通过夹具将钩子放到输送链条线上（见图 4-30）。

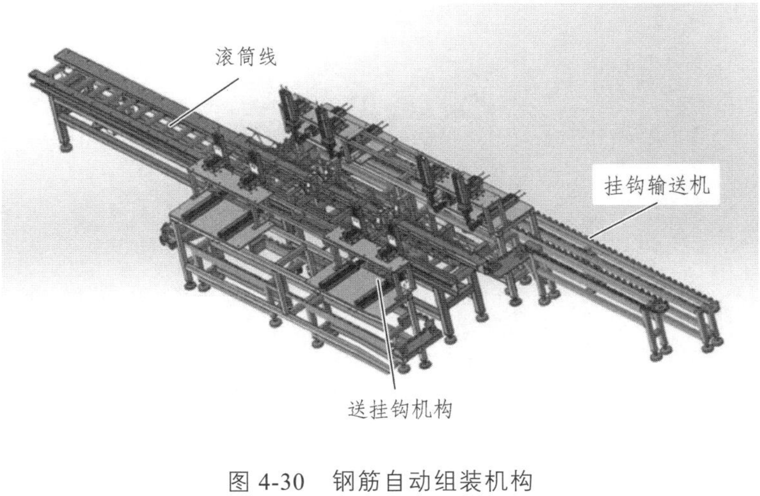

图 4-30 钢筋自动组装机构

（6）数控打钩机：应用数控打钩机将钢丝制作成符合规范的挂钩（见图 4-31）。

图 4-31 数控打钩机

（7）机器人取钩：运用机器人制作夹具的方式夹取数控打钩机的挂钩（见图 4-32）。

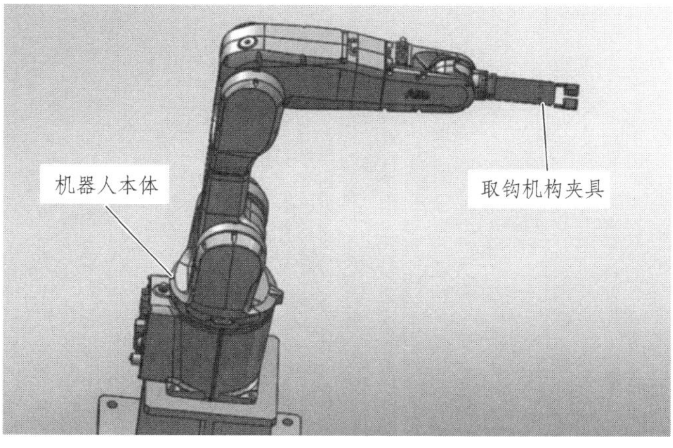

图 4-32 机器人取钩

（8）桁架入模腔：将组装好的桁架放入模腔。最后由压板旋转气缸夹紧压板并旋转 90°固定钢筋的位置。压板旋转气缸松开，钢筋夹取装置返回安装平台位置，完成一个钢筋安装循环（见图 4-33）。

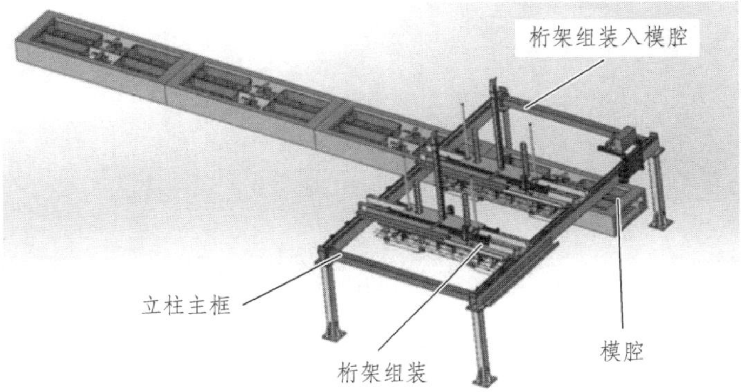

图 4-33 桁架入模腔

4.6.3 关键技术

设备应用于轨枕长模（2×4 联）生产线智能化项目中的桁架组装、安装工位，主要使用编码器测距、气动控制及 PLC 技术，达到轨枕长模（2×4 联）生产线中钢筋的智能化安装，实现无人组装、安装，减少了人力成本，提高了安装精度和产品质量，达到了智能制造的目标。

4.6.3.1 管控系统

钢筋自动组装、安装涉及的管控内容包括桁架自动上料、桁架拆分、桁架移载、箍筋自动上料、数控打钩机、机器人取钩装配、三轴移载设备等相互影响的多源数据，增加了管控难度，对此研发了一套集成多个机构的系统平台，全面实时地对钢筋组装设备进行管控。

由于机械传动较多，为防止机器故障，设计时使各型功能都能单独控制。若设备在自动模式下，按下停止按钮，可进入手动操作界面（见图 4-34）。

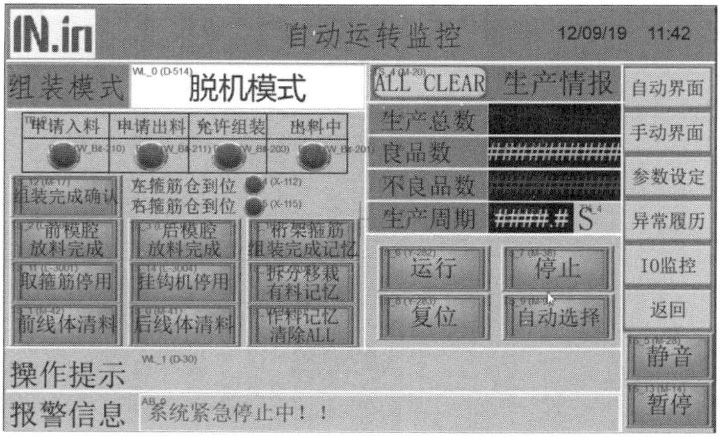

图 4-34 运转界面

4.6.3.2 机器人系统

手动模式主要用于机器人程序编写及调试。在手动模式下，机器人的所有运动均由用户手动控制，机器人只有在运动使能时（三位使能开关处于中间位置）才会给电机通电并响应运动指令。

自动模式用于连续自动化生产，在该模式下外部安全设施（如安全光栅、安全门等）启用，而三位使能开关将不再起作用，机器人可以在没有人员参与的情况下正常工作。

机器人处于自动模式时，可以通过系统 IO 信号来控制机器人或者获取机器人的工作状态。例如，可以使用一个 DI 信号来启动/停止 PLC 程序，使用另一个 DI 信号来控制电机上电（见图 4-35）。

正常情况下，机器人最多可以使用 8 种不同的关节配置到达同一个工作空间中的位姿，详细信息可以参考 confdata 变量介绍。但是在机器人的工作空间中还存在若干特殊的位姿，机器人可以使用无数种不同的关节配置到达，这些位姿被称为奇异点。奇异点会导致控制系统在基于空间位置计算关节角度时出现问题。

图 4-35　机器人系统

一般来讲，机器人有三种类型的奇异点：

（1）肩部奇异点。当腕心位于 1 轴轴线上时，机器人处于肩部奇异点上（见图 4-36）。

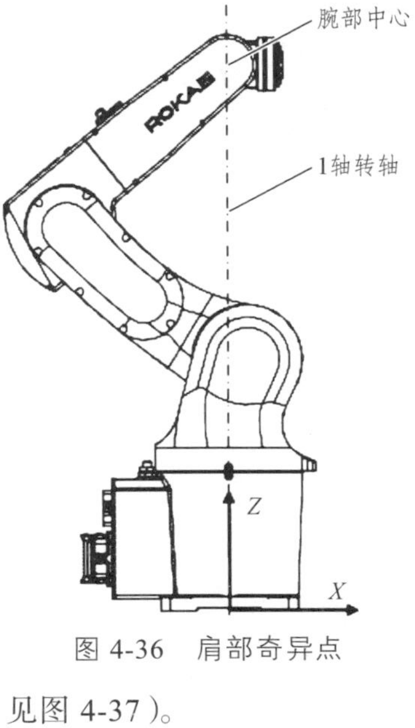

图 4-36　肩部奇异点

（2）腕部奇异点（见图 4-37）。

（3）肘部奇异点。当腕心与 2、3 轴线处于同一平面时，机器人处于肘部奇异点上（见图 4-38）。

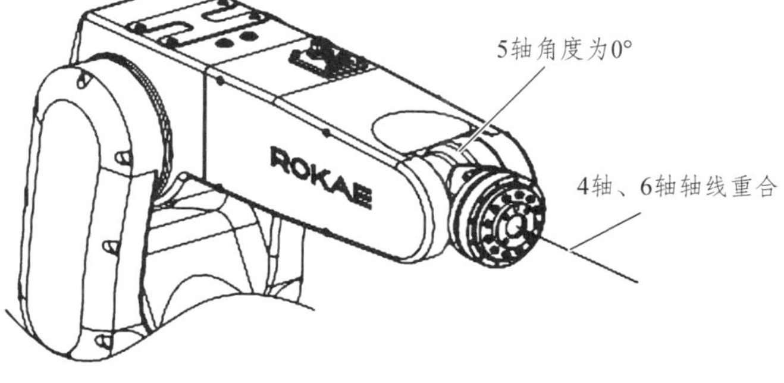

图 4-37　腕部奇异点

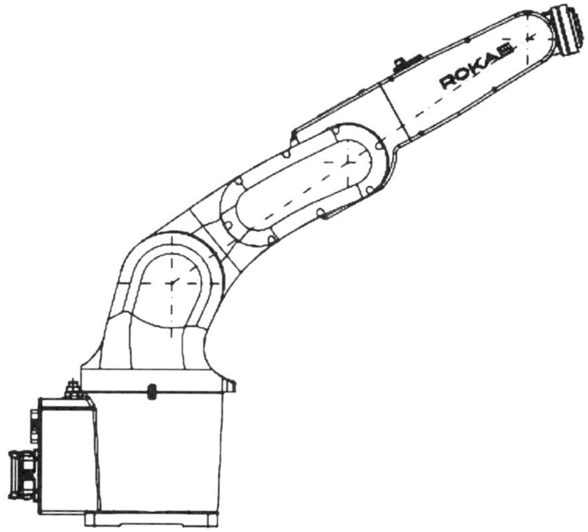

图 4-38　肘部奇异点

机器人执行关节运动时，不存在奇异性问题。当机器人执行靠近奇异点的笛卡儿空间轨迹时，某些关节的速度可能会非常快，为了保证不超过关节最大速度，末端轨迹的速度将会被自动降低。

当 4 轴和 6 轴轴线重合（5 轴角度为 0°）时，机器人处于腕部奇异点上（见图 4-37）。

4.6.3.3 系统参数设定

机械联动机构较多，各项机构的参数输入应准确无误。

（1）*X*、*Y*、*Z*、*A* 轴脉冲：对应 *X*、*Y*、*Z*、*U* 轴每转一圈所需要的脉冲数，必须与驱动器的设定相匹配。

（2）*X*、*Z*、*A* 旋转角度：*X* 轴在发第一项设定的相应脉冲数时旋转的角度，设为 360°。

（3）*X*、*Y*、*Z*、*A* 运转方向：对应 *X*、*Y*、*Z*、*U* 的运转方向。

（4）*X*、*Y*、*Z*、*A* 归零方向：对应 *X*、*Y*、*Z*、*U* 的归零方向。

（5）*Y* 送线长度：送线轴在发第一项设定的脉冲数时送线的长度，通常为送线轮周长。

（6）*X*、*Y*、*Z*、*A* 减速比：各轴的机械减速比。

（7）*X*、*Y*、*Z*、*A* 电机速度：设定各轴电机的额定转速。

（8）*X*、*Y*、*Z*、*A* 手动速度：各轴的手动（手摇单独移动各轴时的速度）速度。

（9）*X*、*Y*、*Z*、*A* 归零速度：各轴归零时的运行速度。

（10）*X*、*Y*、*Z*、*A* 报警逻辑：各轴伺服报警逻辑电平。

（11）*X*、*Y*、*Z*、*A* 伺服零点：各轴是否回伺服零点。

（12）*Z*、*A* 运行方式：*Z* 轴和 *A* 轴运行方式具有三种可选，单圈、多圈、丝杆。

（13）*X*、*Z*、*A* 回零模式：加工完成三轴的回零模式可选，就近回零、正向回零、反向回零。

（14）*Z*、*A* 轴正负限位：*Z* 轴和 *A* 轴作为丝杆轴时正负软限位。

（15）系统轴数：弹簧机系统轴数选择，支持 2 轴和 3 轴模式。

（16）气缸模式：支持 01 序列和+/-搭配数字序列。气缸模式为 0，对应 01 序列：1111 表示打开 1 ~ 4 号气缸，101 表示打开 1、3 号气缸，关闭 2 号气缸。气缸模式为 1，对应+/-搭配数字序列：1234 表示打开 1 ~ 4 号气缸，-1-2-3 表示关闭 1、2、3 号气缸。

（17）起始速度：电机启动时的初始速度。

（18）加速度：电机启动后加速过程的加速度。

（19）*X* 轴最大速度：*X* 轴旋转的最大速度。

（20）正反延迟比：转向变化时的延迟比例。

（21）断线报警逻辑：断线报警的逻辑电平。

（22）手摇速度：设定手摇轮加工时的计数统计参数，此数值较大时会产生手摇加工相对于手摇操作停止的滞后现象，较小时可能会使在慢速旋转手摇轮时出现加工抖动现象，一般为 2 左右，不能轻易更改。

（23）手摇比率：设定手摇加工时的速度变化比率，数值较大时变化不明显，较小时较明显，一般为 20 左右，不能轻易更改。

（24）系统密码：设定进入系统参数设定界面的密码。

（25）语言选择：系统语言选择（0：中文；1：英文）。

系统参数设定见图 4-39。

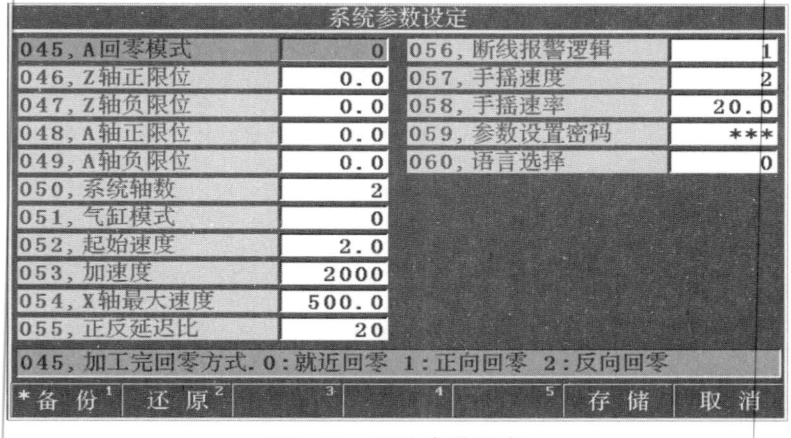

图 4-39　系统参数设定

4.6.4　作业流程

桁架钢筋放置→桁架钢筋分离→桁架钢筋横移→箍筋横移放置→桁架

钢筋夹取→挂钩安装→钢筋拼装完成→整体夹取→运输→定位安装→压板安装。

4.6.5 小 结

（1）该套结构实现了桁架钢筋的智能组装、安装，多个机构同时开展工作，大大提高了工作效率。可以利用 PLC 的控制数据，同步进入互联数据库，及时了解生产的进度。该套结构采用了多种现代工业制造中的控制方式，主要有 PLC 控制、气动控制系统、电力控制等，提高了双块式轨枕制造的科技含量。

（2）与其他工位实现了互联互通，状态可监控，钢筋组装、安装成功率达 100%，工序作业时间降为 4 min，大大提高了工作效率。

（3）钢筋智能组装、安装将传统组装、安装方式由 4 人减至 0 人，完全代替人工组装、安装作业方式。

（4）减少对施工人员的身体损伤，消除该工序人员职业病危害。

（5）桁架自动安装设备通过最新研发的自动挂钩设备，将标准统一的桁架、箍筋、挂钩，利用机器人实现桁架、箍筋的自动组装。再通过精确定位技术，实现桁架、箍筋精确定位安装，消除了人为把控不严引起的放置不到位情况。

4.7 混凝土布料工位

4.7.1 传统工艺及存在的问题

传统布料采用人工配合布料机进行布料，需要 1 人操控布料小车，2 人在布料过程中进行补料和清料，2 人进行清边和拆除挡浆夹。人工补料不容易控制，长期在工位上进行劳作，施工人员易产生疲劳，从而影响施工效率。

4.7.2 方案比选与确定

采用精准布料、传感器控制、质量计量、浇筑测量控制系统，并采用多功能布料口进行精准布料，实现全过程无人操作的精准布料、搅料和振捣。

4.7.3 设计原理

采用两台布料机，每台布料机有 4 个下料口，下料口处分别设置压力传感器、重力式计量装置，精准计量每次下落的混凝土质量。过程中采集不同坍落度的混凝土单盘质量，采用大数据进行统计分析，采集汇总两个数据：一是单个模具壳体 70%的混凝土质量，二是单个模具壳体 30%的混凝土质量；根据不同坍落度设定每次下料的质量。

在运料小车行走轨道上增加接近开关，并加设摄像机检测布料机料斗内混凝土情况并予以配合，当运料小车行走至布料机正上方时，开始下料，实现混凝土运输的自动启停（见图 4-40）。

图 4-40 混凝土自动布料设备

布料机下料斗形式由原先的平开式升级为侧开式，减少了混凝土堆积，提高了自动计量准确度；同时引进纳米材料 ultra ever dry 对料斗内壁进行涂刷，解决了混凝土黏接问题。

4.7.4 作业流程

模具移动至布料工位，混凝土分两次进行布料，第一次布料达到模具壳体的 70%，振动 120 s，频率 40 Hz；第二次布料 30%，振动 120 s，频率 50 Hz。

4.8 轨枕出、入窑智能化技术

从传统的人工操作升级为智能化无人出、入窑。

轨枕出、入窑智能化技术采用精准定位和智能传感技术，实现模型的自动抓取和松开，由两排钢构柱和一台智能起吊装置组成，通过自动感应模型，入窑时，起吊装置在清边工位自动锁住钢模，吊起到达设定位置，将钢模缓缓落入养护窑；出窑时，起吊装置在窑内自动将钢模锁住，到达脱模工位，自动松开。该方式提升了工作效率，可节约 2 名工人。与过去的人工操作与利用桁车进行吊装相比，该方式具有自动化程度高、速度快、定位准确等特点。

4.8.1 传统工艺及存在的问题

在双块式混凝土轨枕的生产过程中，浇筑完混凝土的模具需要放入养护窑中进行蒸汽养护。传统作业方式是人工控制天车，使用吊具将模具吊起、运送、窑内码垛。天车稳定性差，摆动幅度大且操作过程中安全隐患极大，稍有不慎很容易造成模具脱钩掉落，造成人员伤害和设备损坏。模具在养护窑中要码放多层，为了防止倒塌，模具码放的位置要准确，另外需要一人指挥，2 人配合作业，所以对操作人员的熟练度要求较高，操作难度较大，甚至还需要有工人下到养护窑中进行模具对齐操作，过程中存在安全隐患。

设备、人员及工效指标：10 t 桁车 2 台，司机 2 人，司索、指挥 2 人，共计 4 人，工效指标为 5 min/模（见图 4-41、图 4-42）。

图 4-41　人工扶正

图 4-42　人工操作按钮

4.8.2　关键技术

4.8.2.1　设备组成

轨枕模具自动出、入窑设备主要由导轨梁总成、大车总成、小车总成、吊具总成、升降机构总成、操作台总成六部分组成。

4.8.2.2　技术原理

采用精准定位和智能传感技术，实现模型的自动抓取和松开。入窑时，起吊装置接收到模具进入入模工位的信号，通过自动感应模型位置，自动锁住钢模，吊起到达设定位置，将钢模缓缓落入养护窑；出窑时，起吊装置在窑内自动将钢模锁住，到达脱模台位，自动松开（见图 4-43、图 4-44）。

图 4-43　自动入窑

图 4-44　自动出窑

（1）导轨梁总成横跨在模具养护窑上方，其长度根据养护窑的长度确定。导轨梁总成包括立柱，立柱上端与横梁栓接，横梁上表面焊接有钢轨，在横梁的内侧布置滑触线，另一根横梁上安装大车定位组件。

（2）大车总成跨在行走梁总成上方，做横向移动。大车总成包括两个大车行走梁，分别安装一个大车行走电机。行走梁通过两个连接梁栓接固定，连接梁上焊接钢轨，连接梁侧面安装小车定位组件，另一根连接梁侧面安装拖链槽。大车定位组件固定座安装在横梁上方，固定座上安装有调节座，感应块可以在调节座上前后滑动调整位置。行走梁的侧方安装 C 形滑轨，安装有接近开关的接近开关座安装在 C 形滑轨上。当大车总成上的接近开关移动到感应块上方时，接近开关给出信号，通过变频器控制行走电机减速，最后停止。

（3）小车总成在大车总成上方的轨道上做纵向移动。小车总成包括两个小车行走梁，分别安装一个小车行走电机，小车行走梁用螺栓与小车架体连接固定，在小车行走梁侧面安装小车感应开关架，并且上方安装有接近开关，在另一个小车行走梁的侧面安装拖链架。

小车总成上安装的接近开关与安装在大车总成中的连接梁上的小车定位组件共同作用，结构及原理与大车定位组件相同，实现小车总成移动过程中的减速或停止。

（4）吊具总成通过安装在小车总成上的升降机构总成中的钢丝绳与小车总成形成柔性连接。吊具总成包括吊具架体，同侧的两个吊钩通过连杆机构由液压油缸带动开合连动，液压站安装在吊具架体内侧，吊具架体上方安装有 4 个定位柱，与焊接在小车架体下方的定位套配合使用。吊具架体上安装钢丝绳轮组，吊具架体的一端安装下降减速感应组件。

（5）下降减速感应组件包括导杆。导杆上下两端各安装一个定位块，定位块与吊具架体上安装的接近开关作用。当接近开关感应到定位块后发出信号，通过变频器控制升降机构中升降电机的转速降低，从而实现吊具总成减速下降。

升降机构总成包括双输出轴升降电机。减速机安装在小车架上方，电机输出轴上安装钢丝绳卷筒，钢丝绳一端固定在钢丝绳卷筒上并缠绕整齐，另一端固定在小车架体上的钢丝绳固定销上，钢丝绳分别通过安装在小车架体和吊具架体上端钢丝绳导向轮，使吊具总成通过钢丝绳带动升降机构。

（6）操作台总成包括操作平台，其安装在小车架体侧方，电气控制系统对设备进行调试操作。

4.8.2.3 技术图解

轨枕自动出、入窑设备技术图解见图 4-45 ~ 图 4-57。

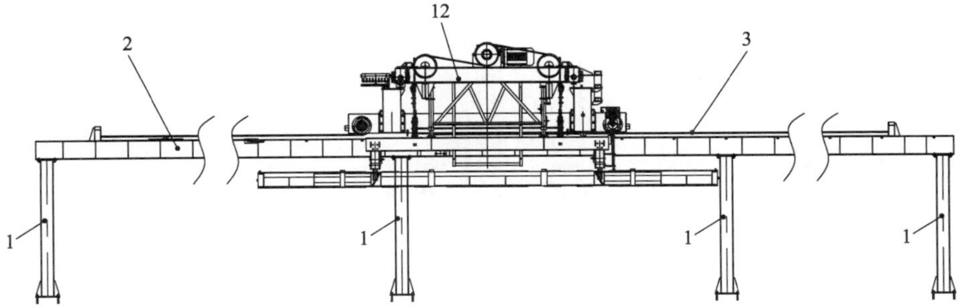

1—立柱；2—横梁；3—钢轨；12—小车架体。

图 4-45 轨枕模具出入窑自动吊装机的主视图

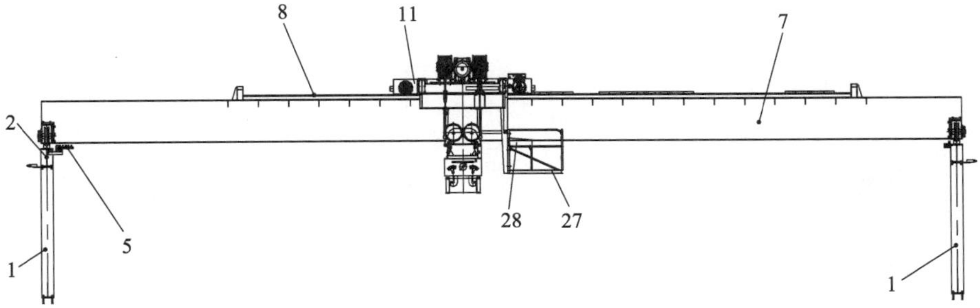

1—立柱；2—横梁；5—大车定位组件；7—连接梁；8—钢轨；11—小车行走；27—操作平台；28—电气控制系统。

图 4-46 轨枕模具出入窑自动吊装机的侧视图

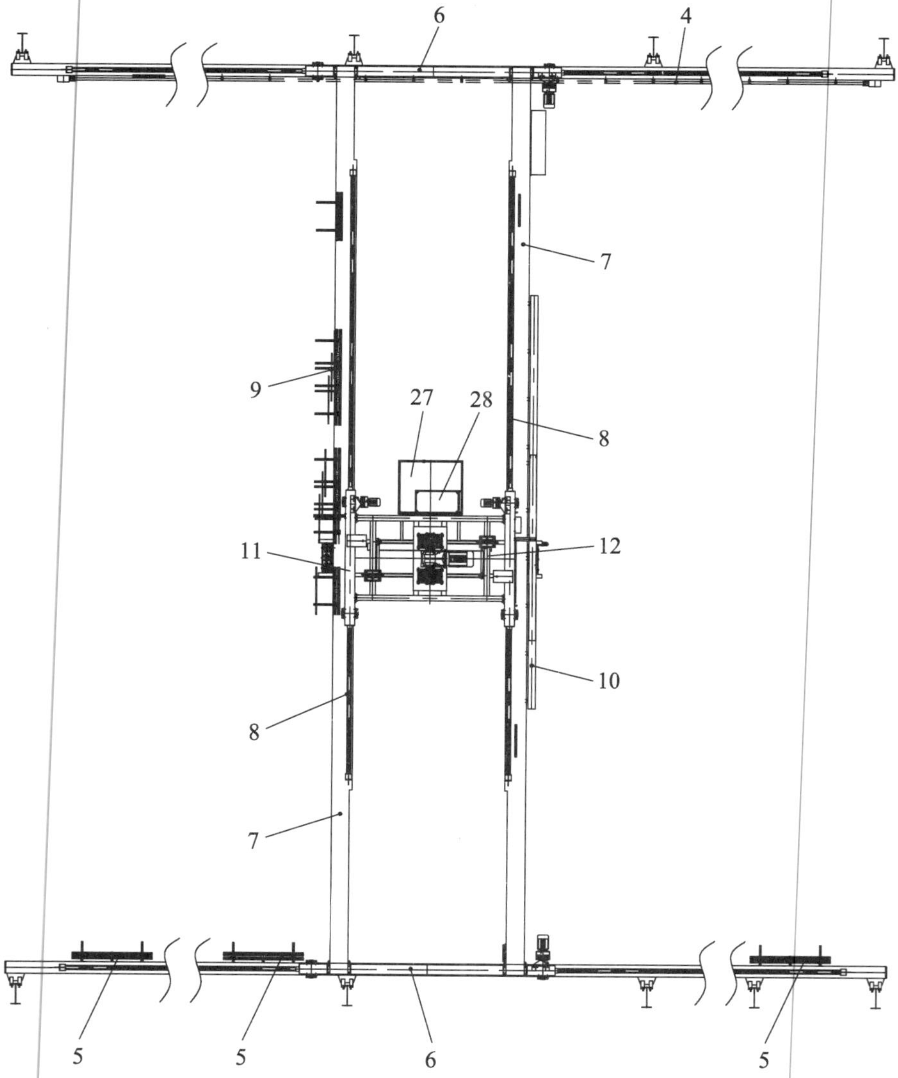

4—滑触线；5—大车定位组件；6—大车行走梁；7—连接梁；8—钢轨；
9—小车定位组件；10—拖链槽；11—小车行走梁；12—小车架体；
27—操作平台；28—电气控制系统。

图 4-47 轨枕模具出入窑自动吊装机的俯视图

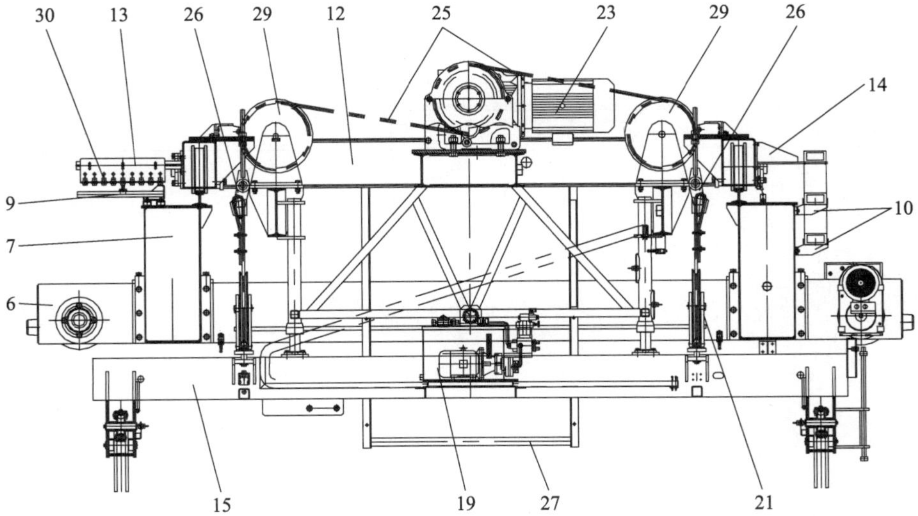

6—大车行走梁；7—连接梁；9—小车定位组件；10—拖链槽；12—小车架体；
13—小车感应开关架；14—拖链架；15—吊具架体；19—液压站；
21—钢丝绳导轮；23—升降电机；25—钢丝绳；
26—钢丝绳固定销；27—操作平台；
29—钢丝绳导向轮；30—接近开关。

图 4-48 轨枕模具出入窑自动吊装机的去除导轨梁总成后结构视图

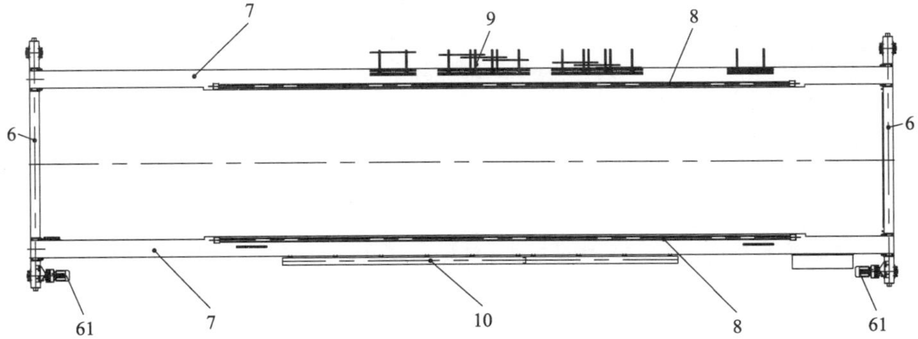

6—大车行走梁；7—连接梁；8—钢轨；9—小车定位组件；
10—拖链槽；61—大车行走电机。

图 4-49 大车总成俯视图

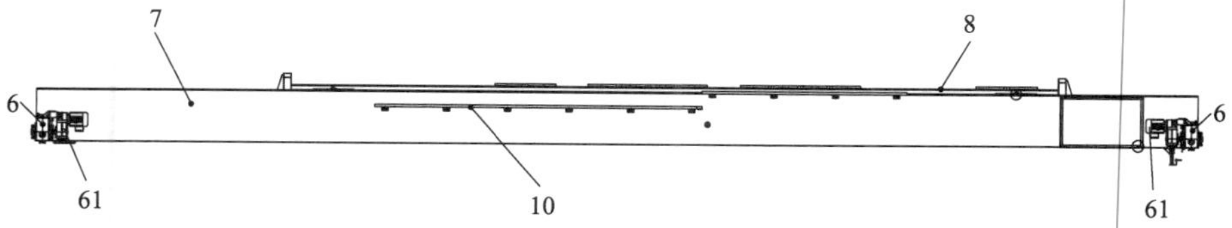

6—大车行走梁；7—连接梁；8—钢轨；10—拖链槽；61—大车行走电机。

图 4-50 大车总成主视图

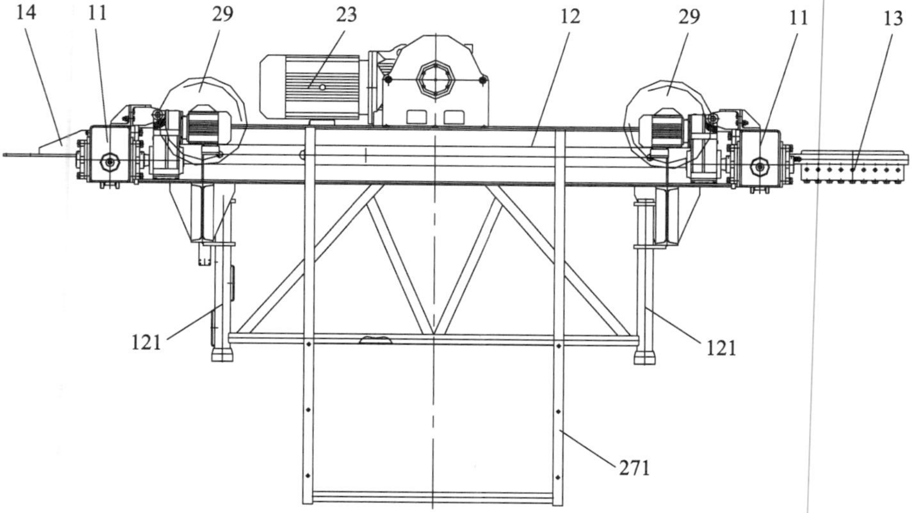

11—小车行走梁；12—小车架体；13—小车感应开关架；14—拖链架；
23—升降电机；29—钢丝绳导向轮；121—定位套；
271—操作平台安装板。

图 4-51 小车总成主视图

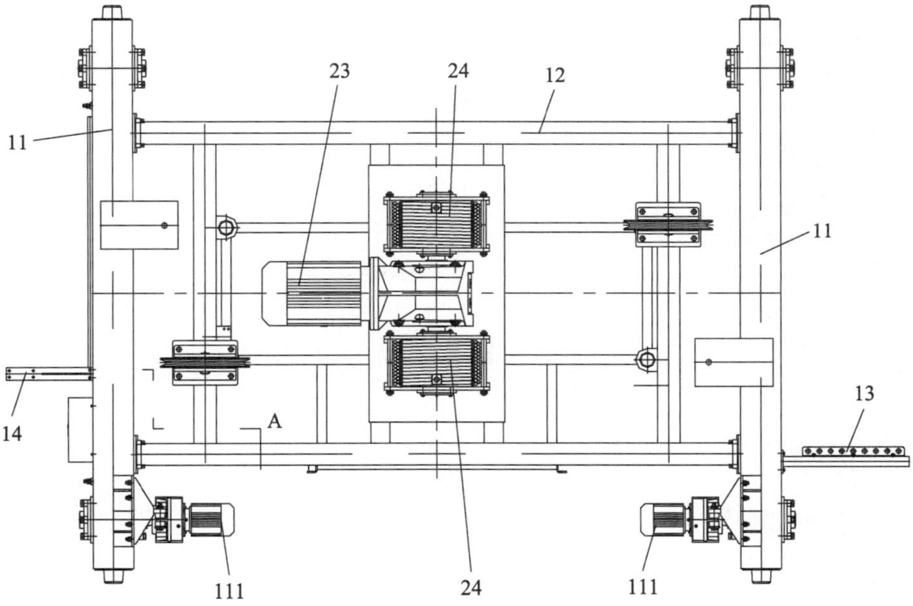

1—小车行走梁；12—小车架体；13—小车感应开关架；
14—拖链架；23—升降电机；24—钢丝绳卷筒；
111—小车行走电机。

图 4-52 小车总成俯视图

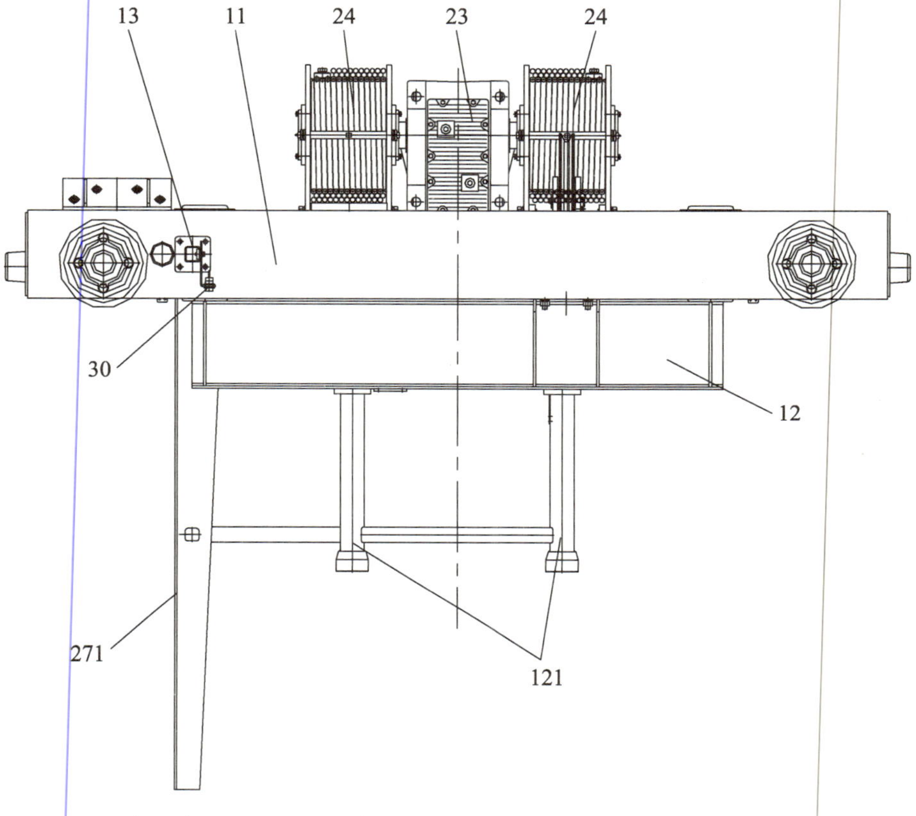

11—小车行走梁；12—小车架体；13—小车感应开关架；23—升降电机；
24—钢丝绳卷筒；30—接近开关；121—定位套；
271—操作平台安装板。

图 4-53 小车总成侧视图

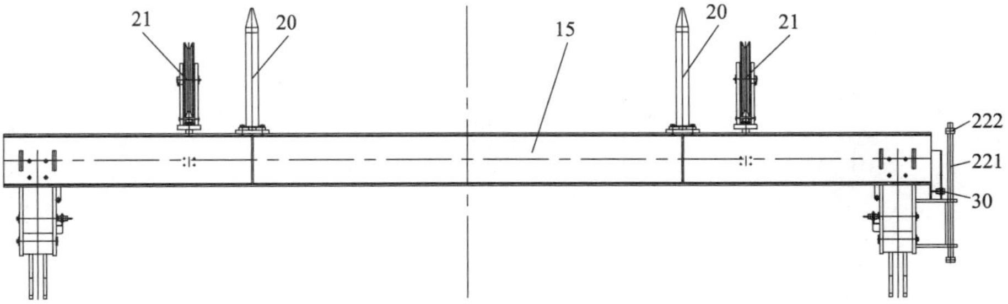

15—吊具架体；20—定位柱；21—钢丝绳导轮；30—接近开关；
221—导杆；222—定位块。

图 4-54 吊具总成主视图

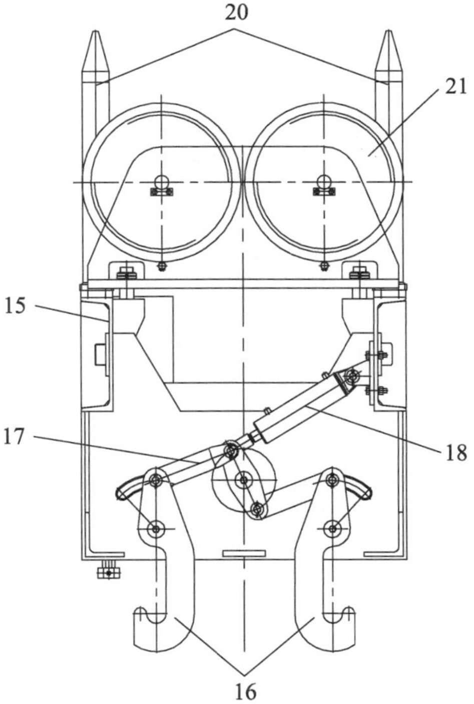

15—吊具架体；16—吊钩；17—连杆机构；18—液压油缸；
20—定位柱；21—钢丝绳导轮。

图 4-55 吊具总成侧视图（隐藏吊具架体端板）

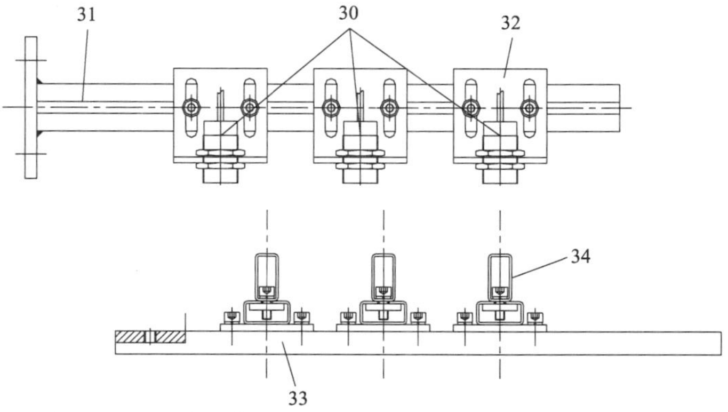

30—接近开关；31—C 形滑轨；32—接近开关座；33—固定座；34—感应块。

图 4-56 大车定位组件结构视图

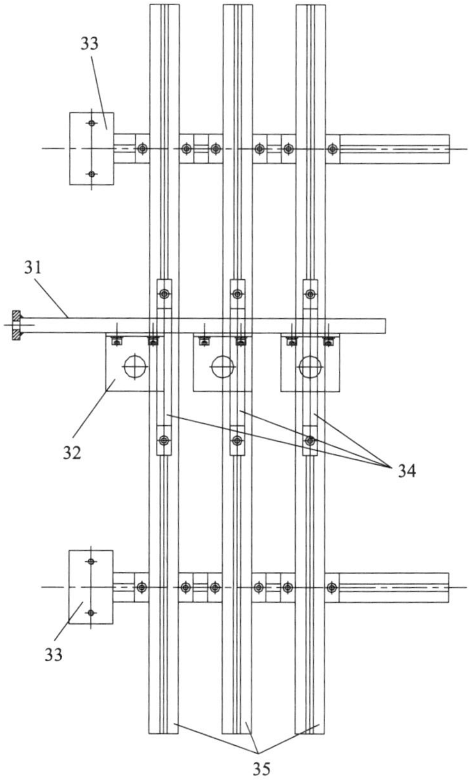

31—C 形滑轨；32—接近开关座；33—固定座；34—感应块；35—调节座。

图 4-57 大车定位组件结构俯视图

4.8.3 小 结

（1）智能化代替了传统的人工操作桁车并控制吊架出、入窑的方式，提升了工作效率，可节约 2 名工人，弥补了桥式起重机吊运效率低、人工成本高、危险系数大等问题，大幅度降低了施工成本，与传统的人工操作桁车方式相比，具有自动化程度高、速度快、定位准确等特点。

（2）轨枕模具自动出入窑技术实现了模具的自动抓、吊、运、出入窑作业，与入窑和脱模工序无缝衔接，无人化作业，保证了吊装的稳定性及模具摆放位置的整齐性和准确性，消除了安全隐患，提高了施工效率，减少了人员投入，实用性强，具有很好的推广应用前景。

4.9 蒸养工位

4.9.1 传统工艺及存在的问题

一名操作人员操控蒸汽养护控制柜进行自动蒸汽养护，人为操作不易控制进出蒸汽量及养护坑内的温度。

4.9.2 方案比选与确定

选取智能蒸汽养护系统，增加电磁阀、温控头等设备，实现智能养护。

4.9.3 技术原理

采用温度检测系统、管道调节阀系统、温度自动控制系统实现最优自动控温养护。通过智控中心发出指令，对需要蒸汽养护的养护池进行控制，实现智能蒸养（见图 4-58）。

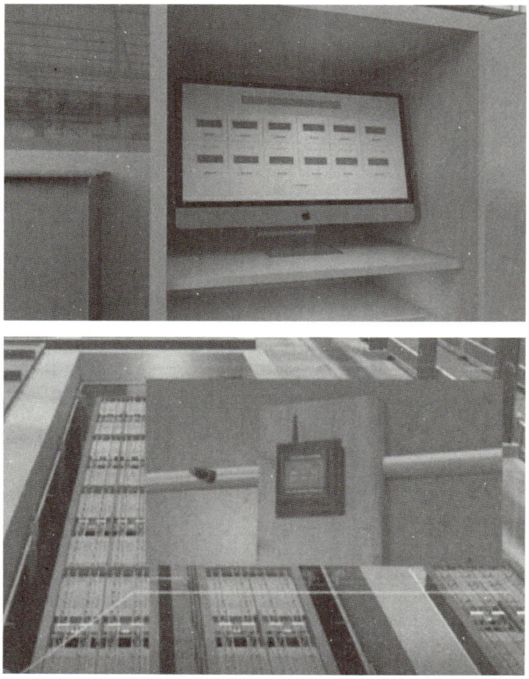

图 4-58 轨枕蒸汽养护装置及控制系统

4.9.4 作业流程及使用效果

通过智能温度控制系统，升级现有自动蒸养系统，达到智能蒸养条件，无须人为操控，在现有蒸养窑的基础上增加温度检测系统，实现对静停、升温、恒温、降温 4 个阶段的全过程智能监控，将温度数据实时呈现，保证混凝土的最佳凝固效果，以提高轨枕质量。

4.10 智能脱模工位

4.10.1 传统工艺及存在的问题

传统模式由 1 人操控控制柜，4 人配合将固定于模具上的定位销进行拆除，完成脱模作业。人工安装方式使得施工人员长时间站立和下蹲，劳动强度巨大且长时间高强度作业，会使施工人员产生视觉和身体疲劳。由于预埋套管及螺旋筋均属于较硬材质，所以人工旋拧拆除会对施工人员手掌造成一定的疲劳损伤。

4.10.2 方案比选与确定

在翻模工位设置传感器系统,采用自动解除螺栓及脱模系统,实现 2×4 模具自动翻模、自动拆卸归置定位螺栓/桁架钢筋压板、自动振动脱模等。

4.10.3 技术原理

基于智能传感技术和视觉的机械臂控制技术，在原有翻模工位设置传感器系统，增加自动脱模系统，实现 2×4 模具自动翻模、自动气动打击、自动脱模（见图 4-59）。

图 4-59 轨枕自动脱模设备

脱模工位辊道上增加称重传感器，用于检测轨枕是否全部脱落，当检测到所有轨枕脱落后,方可进行模具翻转操作,在此之前翻转操作自动锁止。

4.10.4 作业流程及使用效果

检测模具到位后，信号输送至液压系统，液压系统启动，夹紧模具，开始反转；模具反转到位后，停止反转，信号输送至液压系统，松开模具；模具松开后，正转90°，信号输送至冲击锤，冲击锤开始工作；当轨枕全部脱落至平台辊道，脱落检测平台检测到所有轨枕已脱落后，翻转臂反转90°，将模具反转至原位置，实现2×4模具自动翻模、自动振动脱模。

4.11 轨枕检测智能化技术

随着铁路工程建设信息化、自动化、智能化的发展，对双块式轨枕外形尺寸检测要求实现自动化检测，对轨枕合格率实现智能化评判，利用大数据分析，实现轨枕生产质量的智能化控制。郑万高铁重庆段轨枕生产线采用（2×4联）机械化生产线，针对轨枕外形尺寸和内在质量的检测要求，应用轨枕结构尺寸和挡肩裂纹智能检测系统，实现轨枕检测的无人化、所生产轨枕的全检、轨枕检测过程的自动化和检测数据的集成分析。智能脱模对自动化生产减少人工、提高轨枕检测的准确率和覆盖率，以及检测数据分析的科学性、及时性具有重要的意义。

采用精准定位、图像扫描、机器人协同等技术，将以上三者集中到一台设备上运行，实现轨枕的外形、外观、裂纹的智能检测。

（1）运用先进的激光图像扫描检测技术获取轨枕表面的点云坐标，通过点云构建技术实现轨枕三维尺寸的3D快速建模，并与标准尺寸的比对分析实现外形尺寸、棱角掉块等的自动检测及评判；同时与既有生产控制系统形成信息交互，实现全自动、智能化检测。

（2）运用自动喷码设备代替人工盖章。通过与检测系统互联，外形尺寸红外检测系统将对应的轨枕唯一性编号传输给喷码主机，并由喷码设备根据指令在轨枕检测完毕后自动喷涂到轨枕表面，同时将每根轨枕检测数据与二维码形成互联。

（3）运用轨枕沟槽裂纹自动检测识别系统代替人工观察。通过获取特殊场景下，承轨台沟槽在喷涂酒精挥发后的图片，结合人工智能技术和机器深度学习技术自动提取裂纹特征，并实现裂纹的自动识别。

4.11.1　传统检测存在的问题

传统的双块式轨枕外形尺寸检测主要使用定制的专用检测工具，检测工具种类多，不同的参数需使用不同的检测工具，而且每个轨枕场使用的检测工具也不统一。因此，检测过程操作烦琐、检测效率较低，同时不同的检测人员检测，对检测结果的影响也不同（见图 4-60、图 4-61）。

图 4-60　两承轨槽外侧底脚间距离测量

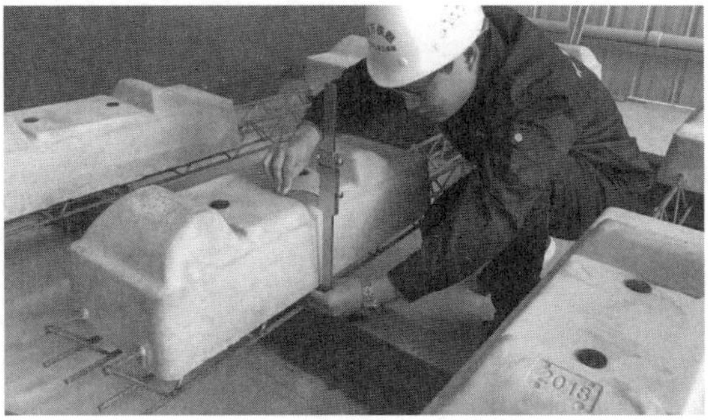

图 4-61　双开枕高度测量

在轨枕生产过程中，脱模对轨枕质量影响很大，对形成掉块和裂纹的影响尤其严重（见图 4-62、图 4-63）。如轨枕掉块可见，生产人员可直接处理，如轨枕裂纹细微，肉眼直接不可见，人为控制因素大，稍有不严谨就可能导致不合格品流入成品区。随着自动化程度的提高，实现轨枕质量的自动化检测，检测数据即时上网，最终实现产品检验的全面覆盖，后期进行数据的集成统计分析，可以指导提高轨枕的生产工艺，达到提高轨枕生产质量的目的。

图 4-62　掉块

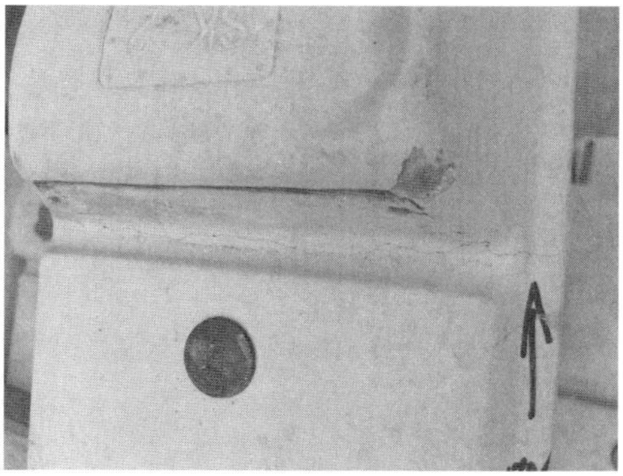

图 4-63　沟槽裂纹

4.11.2　智能检测方案

检测系统主要由检测平台、测量设备、控制设备、机器视觉设备组成。

外形尺寸检测系统采用激光三角测量原理，传感器中的相机从一个角度检测激光器投射在目标上的激光线，如果激光线在目标表面的高度发生变化，相机光敏器件上激光线成像的位置就会发生变化，通过测量出变化的高度，即可检测到轨枕外形尺寸是否合格。激光三角测量精度高，检测速度快，已在汽车等自动化生产领域大量应用（见图 4-64）。

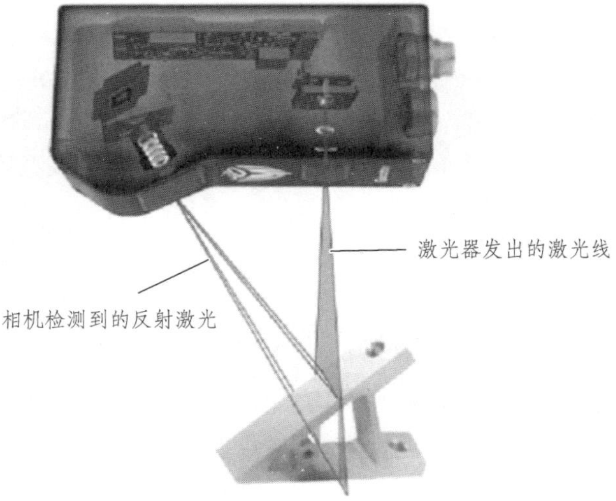

图 4-64 激光三角测量原理

机器视觉设备可实现轨枕沟槽裂纹的检测（见图 4-65）。

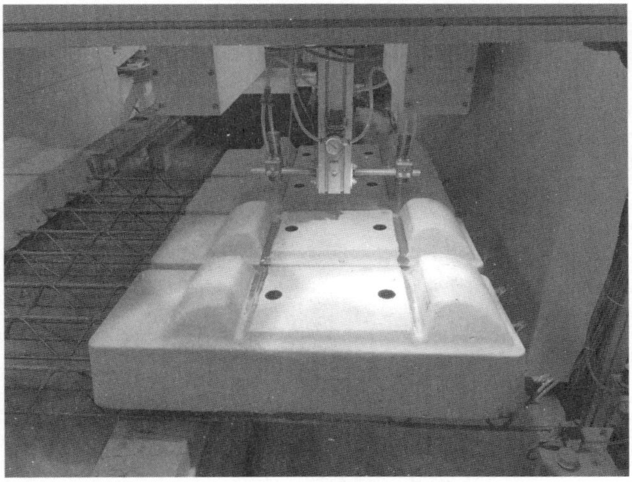

图 4-65 检测裂纹

4.11.3 智能检测技术原理

轨枕外形尺寸检测主要依据激光三角测量原理，对轨枕三维建模，在模型中计算其外形尺寸，与轨枕设计标准尺寸相比较，判定轨枕结构尺寸偏差，实现承轨台建模的三维显示（见图 4-66）。

图 4-66 承轨台三维显示

主要参数检测原理：

（1）同一承轨槽两相邻套管中心距。

3D 传感器在承轨台正上方行走时，承轨台三维数据建模后，对圆孔拟合，计算可得每个套管的圆心位置（x、y、z），根据距离公式，即可计算套管距。

（2）同一承轨槽底脚间距。

3D 传感器在承轨台正上方行走时，取含有套管的断面，并取所有断面计算的平均值。

（3）承轨面宽度。

3D 传感器在承轨台正上方行走时，根据一定条件拟合承轨面表面，从而可以计算得到承轨面宽度（见图 4-67）。

（4）承轨面表面平整度。

承轨面上在纵向取约 200 mm 的数值的点拟合一个平面，计算这些点到平面的距离，取与平面距离的最大偏差。

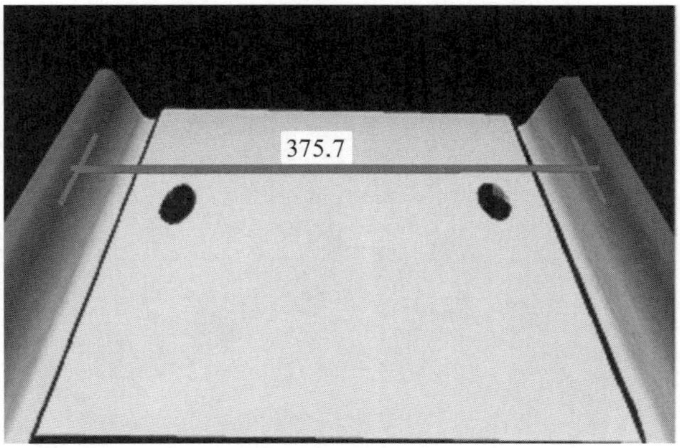

图 4-67 承轨台断面图

（5）预埋套管内堵孔数。

3D 传感器在承轨台正上方行走时，激光点会打入套管内部，判断是否堵孔。

（6）两承轨槽外侧底脚间距。

同一承轨槽底脚间距已经计算得到，并且得到两外侧底角坐标，已知 3D 传感器横向移动距离，即可计算得出两承轨槽外侧底脚间距。

（7）钢筋桁架上弦距离轨枕顶面距离。

3D 传感器在承轨台斜上方行走时，拟合轨枕表面直线和钢筋桁架直线之间的距离最小值（见图 4-68）。

（8）轨枕掉块检测主要采用深度学习算法，先采集大量正样本和负样本，对样本进行学习后，对采集的轨枕进行是否掉块判断。传统目标检测的方法一般分为三个阶段：首先在给定的图像上选择一些候选的区域，然后提取这些区域的特征，最后使用训练分类器进行分类。

① 区域选择：由于目标可能出现在图像的任何位置，所以最初采用滑动窗口的策略对整幅图像进行遍历，而且需要设置不同的尺度、不同的长宽比。这种穷举的策略时间复杂度太高，这也严重影响后续特征提取和分类的速度和性能。

图 4-68　轨枕智能检测

② 特征提取：由于目标形态的多样性，光照变化的多样性，背景的多样性等因素，因此很难设计一个适应性强的特征提取器，常用的特征提取器有 SIFT、HOG。

③ 根据第二步提取到的特征对目标进行分类，分类器主要有 SVM、AdaBoost 等。

目标检测任务可分为两个关键的子任务：目标分类和目标定位。目标分类任务负责判断输入图像或所选择图像区域中是否有感兴趣类别的物体出现。目标定位任务负责确定输入图像或所选择图像区域中感兴趣类别的物体的位置和范围，通常使用矩形框表示，即 Bounding Box 用来表示物体的位置信息。

基于深度学习的目标检测算法在各种检测任务中显现出显著优势，能够对各种复杂场景下的目标有很好的检测效果。目前，主流深度学习检测模型分为单阶段和两阶段模型，从性能对比上来看，以 faster rcnn 为代表的两阶段模型性能优于单阶段模型，该模型后续衍生模型也进一步提升了检测性能。特别是 cascade rcnn 系列检测模型，配合最新特征提取网络，检测能力更强，在公开数据集上取得最佳性能。

掉块检测任务中，检测目标区分度低，目标尺度变化范围大，为了达到性能要求，需要从数据、特征提取网络、损失函数等多个角度来进行模型训练。经文献调研，结合项目开发经验，考虑采用以 HRNetv2 为特征提取网络的 cascade fpn rcnn 检测模型，后续迭代优化都以该检测模型为准。

沟槽裂纹的自动检测是本项目中最困难的，困难在于对不可见裂纹的检测。采用对轨枕沟槽喷酒精的方法，相机采集酒精消失的过程，判断轨枕沟槽是否有裂纹，采用深度学习对沟槽裂纹进行识别（见图 4-69）。

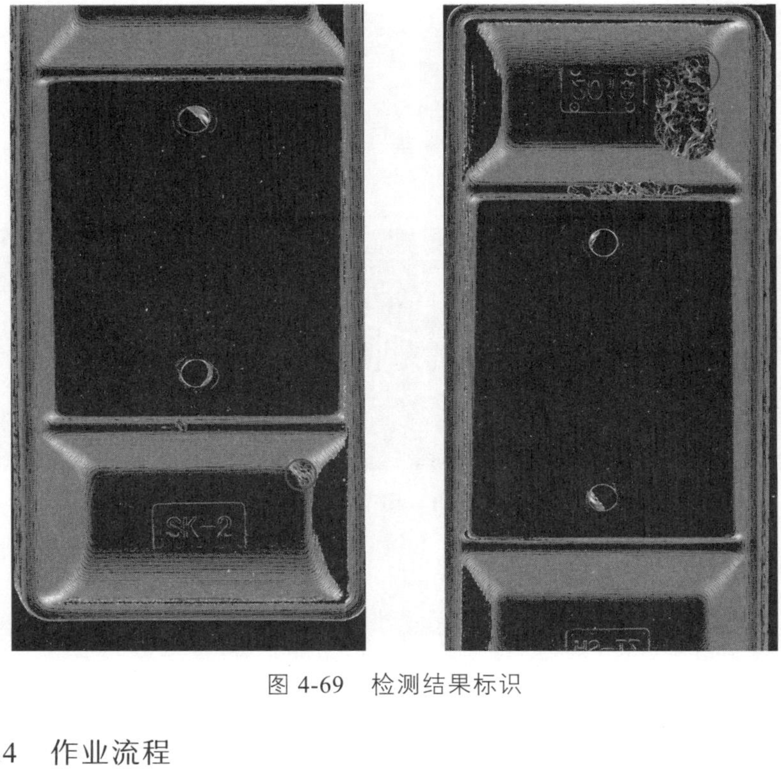

图 4-69 检测结果标识

4.11.4 作业流程

工作流程：运枕小车启动→运输轨枕到检测工位→检测系统接收到开始检测信号→三维传感器开始检测→三维建模及渲染→计算轨枕外形尺寸

及识别缺陷→三维传感器检测完毕→检测系统发送轨枕可以运走信号→运输轨枕离开→检测到轨枕经过机器视觉检测工位→开灯并且采集沟槽裂纹图像→识别沟槽裂纹→轨枕离开识别完毕→检测系统检测报文上传网络平台。

4.11.5 关键技术

1. 检测平台

在检测过程中，周围环境振动很大，为了消除振动对检测精度的影响，检测平台需稳固。

2. 轨枕编码识别

轨枕编码和背景色接近，必须进行特殊处理后，提取轨枕编码（见图4-70）。

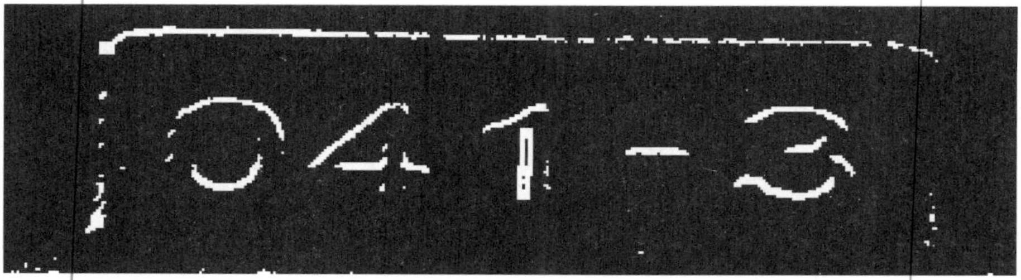

图 4-70 模节号识别

3. 三维重建

三维重建及渲染技术，方便尺寸计算及后续图像处理。

4. 轨枕掉块及裂纹检测

深度学习结合大量的工程经验，应用各种技术提高识别准确率。

4.11.6 小　结

（1）轨枕外形尺寸检测主要运用激光三角测量原理，实现对轨枕三维建模，在模型中计算其外形尺寸，并与轨枕设计尺寸进行比对，计算偏差值。

（2）基于深度学习的目标检测算法，轨枕掉块及裂纹检测通过深度学习，从数据、特征提取网络、损失函数等多个角度来进行模型训练，结合大量的工程经验，判断轨枕是否有轨枕掉块和沟槽裂纹。

（3）轨枕检测数据通过数据管理系统实时采集整理分析，及时反馈轨枕质量问题。

（4）与其他工位实现了互联互通，状态可监控。质量检测设备数字化率达 100%，轨枕检测率达 100%，缺陷识别率达 100%，4 根轨枕检测时间减少到 1 分 45 秒。

（5）双块式轨枕外形质量自动检测工位实现了双块式轨枕检测的全自动化、智能化、无人化作业。轨枕智能检测由传统的抽检变为全检，由人工检测变为无人化检测，由手工录入信息变为自动采集数据；同时集成了轨枕的数据采集、数据集成、数据分析技术，对轨枕的外形尺寸偏差追溯到具体模具，可以及时准确地反映轨枕质量和模具质量。轨枕自动化检测节省检测人员 6 人，节省检测数据的内业整理人员 2 人；以轨枕偏差反馈模具偏差，节省了模具检测工序；轨枕的全检能及时反馈模具信息，第一时间做出处置措施，大大降低了不合格率，为双块式产品质量和成本控制提供了保障。

（6）针对双块式轨枕的外形质量检测，从检测参数、参数归类、既有检测技术、既有生产模式等方面出发，提出了适用于既有双块式轨枕的检测技术。从自动化运行方面来看，该技术可基本实现全自动化、无人化作业。从激光三角测量技术及高平顺基准机构考虑，该技术实现了双块式轨枕高精度三维模型的构建，并能实现其尺寸参数和表面缺陷掉块的检测。从机器视觉深度学习技术发展来看，该技术需搭建一个稳定、可靠的模拟人工喷涂酒精的场景，实现视觉获取的图片源信息的可靠性和一致性，以使深度学习更好适用于检测图片的分析评判。

综上可知，该技术适用于双块式轨枕外形质量自动检测，可实现自动化、智能化、无人化作业。

4.12 轨枕清理码垛工位

4.12.1 传统工艺及存在的问题

传统模式由 2 人使用手持式高压气嘴对套筒预留孔进行清灰处理，清灰后对套管预留孔注油保护，然后进行套筒盖盖作业，并使用橡胶锤敲击套筒盖，保证套筒盖严实。

轨枕码垛时由 1 人操控轨枕生产线的码垛工具，另需 1 人配合分层放置方木，完成码垛作业。

4.12.2 方案比选与确定

采用视觉系统自动分拣、分层码放方木，配合码垛设备分层码放轨枕。使用 2 台机械手，机械手前端安装喷气嘴、注油嘴和盖子吸附装置，视觉检测系统精准定位，2 台机械手完成清灰盖盖和注油作业。

4.12.3 技术原理

通过视觉系统引导机器人实现检测后的轨枕自动吊装、码垛。增加搬运行走系统、夹具抓紧系统、方木分拣放置码放系统，由方木分拣放置机械臂进行方木的码放作业。

基于工业相机、大数据分析技术，将原有码垛工位改移，并新增两台六轴机器人视觉检测系统、远程 Web 监控显示系统，实现对预埋套管进行清灰处理，清灰处理完成后，进行套管保护盖安装。

4.12.4 作业流程及使用效果

轨枕检测到位后，基于智能视觉识别技术，六轴机器人抓取筛分出的盖子，通过视觉识别定位套管孔洞，将气门打开，将灰尘吹掉，并进行注油、盖盖，将传统人工注油扣盖方式升级为无人化、智能化，提高注油扣盖的准度和精度。

在运输机端头码垛工位增加轨枕码垛机和枕木码放装置，通过自动化、智能化标准作业，刨除人工干预，提升轨枕质量。

通过视觉系统引导机器人实现检测后的轨枕自动吊装、码垛。增加搬运行走系统、夹具抓紧系统、木块分拣放置码放系统、称重传感系统，利用轨枕搬运系统实现自动搬运码放轨枕，数据自动上传。

5 生产管理智能化技术

以中国国家铁路集团公司铁路工程管理平台为依托，轨枕场联合研发了轨枕生产信息化管理系统，围绕轨枕场各项业务展开。从计划管理、生产管理、数据集成、系统管理等方面对轨枕场进行了系统设计，对所有工艺模板做到高度还原，实现了信息处理数字化、生产数据集成化；减少了大量的人工数据记录，避免了频繁录入产生的人为错误；降低了企业的人力资源成本，提高了管理效率。

郑万高铁重庆段轨枕场在2019年4月成为全国首家将轨枕制造智能化模块纳入铁路工程管理平台模块，并启动使用轨枕智能检测设备，通过每天全批次监测数据的采集，由分析系统对数据进行处理，分析出当批次监测数据超差比例、不合格数量，有效指导生产质量的控制和模具变化分析。通过设备的自动化改造升级，保证了各工位的质量管控，降低了人为不确定性因素，提升了企业的质量管理水平，使轨枕制造能力达到国内领先水平。

5.1 现状分析

目前，国内无砟轨道预制件生产信息化虽然已应用于多个板场和枕场，但这些应用研究仅局限于蒸汽养护、预应力张拉等具体的生产环节，对于覆盖混凝土生产和质检全过程的专业信息化研究应用尚属空白。基于无砟轨道混凝土轨枕生产工序，建立混凝土轨枕生产、检验、追溯等环节，并分解成计划/进度、模板管理、钢筋加工、混凝土拌和/浇筑、养护/脱模、成品检验、成品进发存、轨枕追溯、不合格管理九大核心模块，满足了轨枕预制的生产、检验和质量追溯需要，便于轨枕预制的过程控制和质量追溯，提升了轨枕预制场的信息化水平，提高了管理效率。

对高铁无砟轨道混凝土轨枕生产智能化系统开展应用技术研究，具有重要意义：

（1）设计和开发了混凝土轨枕生产信息化系统。从混凝土轨枕生产过程和传统生产管理方式的弊端出发，阐述了混凝土轨枕生产工艺流程及生产过程中容易出现的质量问题，分析和设计了系统功能，运用成熟的技术，研制了符合混凝土轨枕生产和检验需要的专业信息化系统。

（2）混凝土轨枕生产信息化系统的研制为混凝土轨枕的生产提供了一种新的管理模式。系统可为混凝土轨枕的生产和检验提供完整的数据库，实现了质量追溯，从计划管理、生产管理、数据集成、系统管理等方面进行系统设计，对所有工艺做到高度还原，实现表格填写简易化、信息处理数字化、生产过程标准化、生产进度可视化、质量追溯信息化。通过试点应用，提高了混凝土轨枕生产的质量水平和轨枕场的技术管理水平，具有良好的推广应用前景，为进一步推广和发展混凝土轨枕的应用提供了信息化支撑。

5.2 方案设计

目前，铁路用的混凝土轨枕基本都是在轨枕预制场提前生产的。以双块式混凝土轨枕为例，轨枕预制场通常采用封闭环形流水线生产工艺，经过多道工序生产而成，主要的工艺流程如图 3-1 所示。按照设备功能划分，可将轨枕预制生产线分为七大系统，分别是中央控制系统、搅拌供料系统、施料振动系统、蒸汽养护系统、翻转脱模系统、模具返回系统和成品输送系统。这七大系统共同组成了封闭环形流水线。

5.3　管理系统架构

5.3.1　系统整体架构

高铁无砟轨道双块式轨枕生产智能化系统的整体结构包括四层，分别是用户表示层、应用服务层、数据服务层、物理设备层。每一层级都有特定的功能，通过数据接口的交互，不同层级之间可以进行数据传输。每一层级的主要内容如下：

（1）用户表示层：代表用户可以直接接触到轨枕生成信息化系统的界面，可以实现与信息化系统的互动。用户表示层主要包括单点登录、访问链接、用户认证、用户界面等功能。

（2）应用服务层：部署核心功能模块和系统平台，主要负责轨枕生产信息化系统逻辑关系的处理，具体包括九大核心功能模块。

（3）数据服务层：主要负责对轨枕生产信息化系统中的数据进行综合管理，具体的数据类型包括三种：分别是基础数据、业务数据、备份数据。养护系统数据通过数据接口实时将数据传输至系统数据库。

（4）物理设备层：由服务器、网络设备、计算机和其他设备组成。物理设备层是支撑系统运行的物理骨架，为系统提供物理环境。

图 5-1 为管理系统整体功能框架。

5.3.2　网络拓扑结构

网络拓扑即网络物理连通性的结构。网络拓扑架构图由网络节点设备和网络通信介质组成。轨枕生产信息化系统需要同时满足局域网和广域网的访问需求，局域网要覆盖轨枕场的工程技术部、安全质量部、物资设备部、试验室、综合办公室等主要部门，还要覆盖轨枕预制车间、仓库等区域。

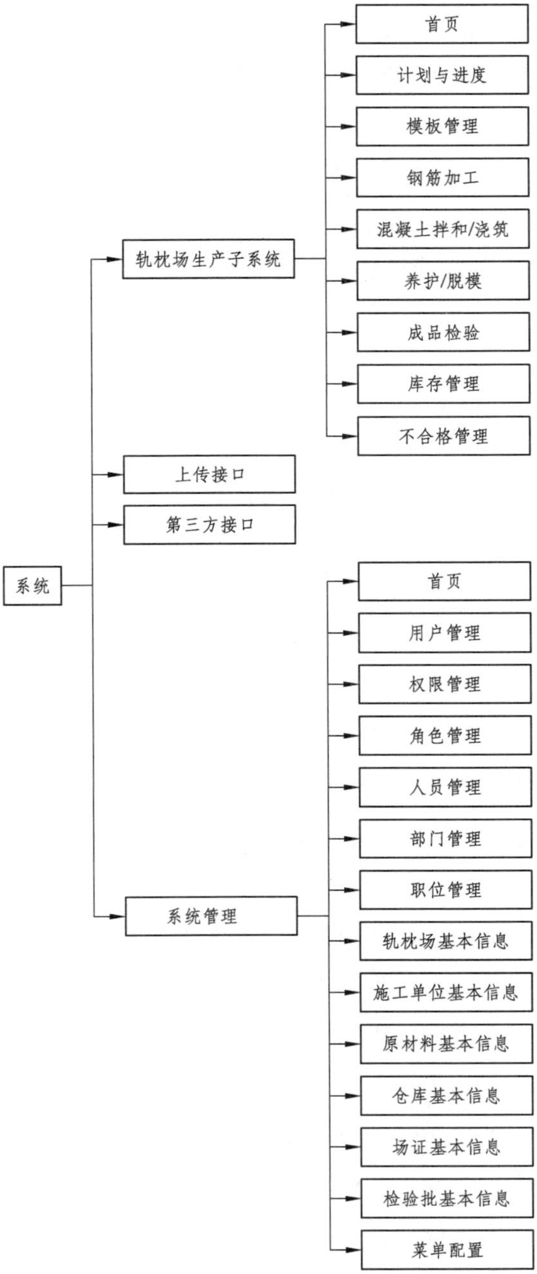
系统
轨枕场生产子系统
首页
计划与进度
模板管理
钢筋加工
混凝土拌和/浇筑
养护/脱模
成品检验
库存管理
不合格管理
上传接口
第三方接口
系统管理
首页
用户管理
权限管理
角色管理
人员管理
部门管理
职位管理
轨枕场基本信息
施工单位基本信息
原材料基本信息
仓库基本信息
场证基本信息
检验批基本信息
菜单配置

图 5-1 整体功能框架图

系统通过路由器与广域网连接，系统用户既可以通过广域网访问系统，也可以通过局域网访问系统。访问终端支持台式计算机、笔记本计算机、平板计算机等，极大地方便系统用户。防火墙负责路由器与广域网之间的网络安全防护。Web 服务器、数据库服务器、数据备份服务器三者通过交换机连接，可互相通信。系统需要从养护系统服务器中自动获取数据，因此养护系统服务器与交换机连接。局域网内所有 IP 地址分配由综合办公室统一规划实施。

5.3.3 系统功能结构

系统主要通过枕场生产智能化系统形成一套轨枕的生产数据链，包括轨枕生产的计划信息、原材料信息、检测信息、质量结果信息、库存信息、发货信息等。通过电子化系统来记录和管理产品的整个生命周期，做到每个轨枕的生产可追溯，实现数据的有据可查，有章可循（见图 5-2）。

5.4 关键技术

5.4.1 系统采用 B/S 架构设计

B/S 架构即浏览器和服务器架构模式，是对 C/S 架构的一种变化或改进。在这种架构下，用户工作界面是通过 WWW 浏览器来实现的，极少部分事务逻辑在前端（Browser）实现，但是主要事务逻辑在服务器端（Server）实现，形成所谓的三层结构。B/S 架构是 WEB 兴起后的一种网络架构模式，WEB 浏览器是客户端最主要的应用软件。这种模式统一了客户端，将系统功能实现的核心部分集中到服务器上，简化了系统的开发、维护和使用。客户机上只要安装一个浏览器（Browser），如 Netscape Navigator 或 Internet Explorer，服务器安装 Oracle、Sybase、Informix 或 SQL Server 等数据库，浏览器通过 Web Server 同数据库进行数据交互，这样就大大简化了客户端计算机负荷，减轻了系统维护与升级的成本和工作量，降低了用户的总体成本（TCO）。

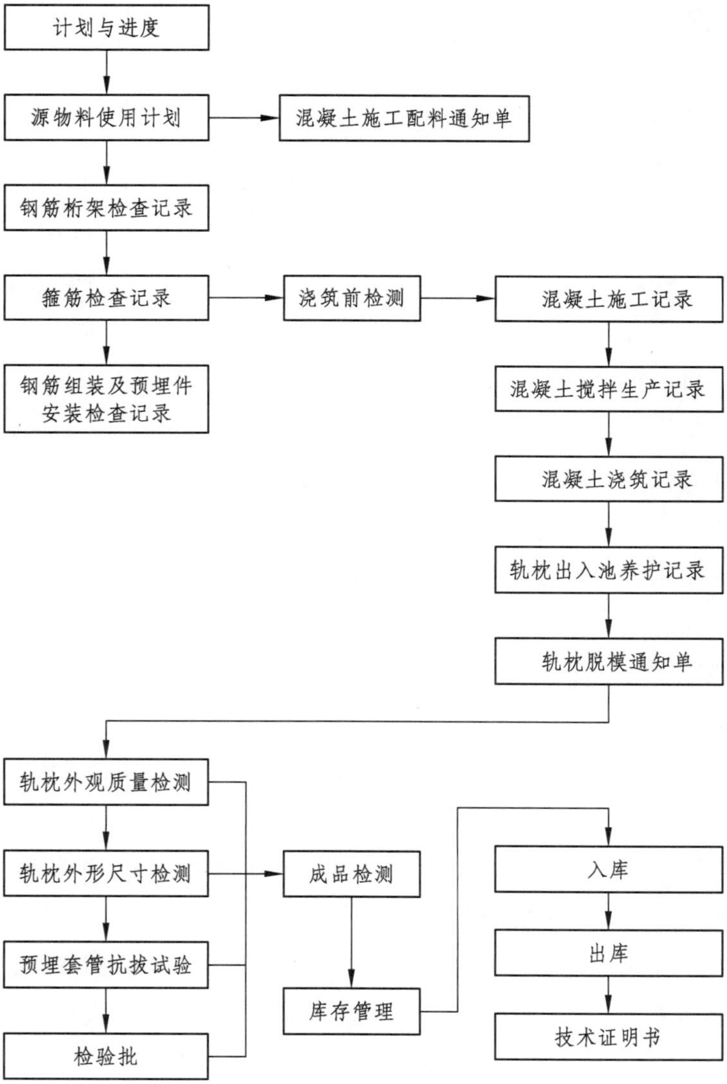
计划与进度
源物料使用计划
混凝土施工配料通知单
钢筋桁架检查记录
箍筋检查记录
浇筑前检测
混凝土施工记录
钢筋组装及预埋件安装检查记录
混凝土搅拌生产记录
混凝土浇筑记录
轨枕出入池养护记录
轨枕脱模通知单
轨枕外观质量检测
轨枕外形尺寸检测
成品检测
入库
预埋套管抗拔试验
库存管理
出库
检验批
技术证明书

图 5-2 轨枕生产流程图

采用 B/S 架构设计的好处是操作人员只要手中有计算机和网络即可对系统进行操作，即使出差在外，管理层也能很好地掌握轨枕场的生产情况，而且不需要考虑软件的安装，只要有浏览器即可解决问题。

5.4.2 系统采用先进的软件体系结构设计

（1）面向服务的应用架构：本系统主要采用面向服务的技术架构、松散耦合的设计模式，并采用广泛接受的标准（如 XML 和 SOAP），提供了在各不同厂商解决方案之间的交互性，而松散耦合将分布计算中的参与者隔离开来，交互两边某一方的改动并不会影响到另一方。这两者的结合意味着系统可以实现某些 Web services，而不用对使用这些 Web services 的客户端的知识有任何了解。该系统分设两个模块，若因系统与其他系统衔接出现问题，可根据实际需要运用不同的开发语言，采用不同的平台和技术，所以采用这种方式是切实可行的。

（2）三层体系架构：多层体系结构是创建可扩展的应用程序的一个基本要求。这种多层结构被设计成能够在多层计算机上运行，而不是只在一台计算机上运行。多层应用程序是跨多个逻辑层或物理层构建的。以前，最常见的是两层结构，用基于客户机的任务和基于服务器的任务这种划分形式表示。最终，创建了三层结构。在这种结构中，业务逻辑被移入一个中间层，有时又会放置在一个单独的应用程序服务器上。随着 Internet 的普及，只需一个浏览器就能将所有的用户界面逻辑移至 Web 服务器。

① 数据表示层——客户端应用，负责业务数据的表示以及与用户之间的交互。其需要的服务，如数据连接或者业务操作服务等通过中间件获得。

② 业务操作层（中间件）——业务应用。业务层集中实现业务操作和业务规则。因为这些业务规则和业务操作不是绑定在特定业务系统中的，所以它们可以被所有需要该业务的应用系统调用。

③ 数据操作层——实际的数据库应用（DBMS）。

从三层结构的观点来看待应用系统，中间件成为一个业务应用和业务规则实现的平台，通过中间层集中为各类业务系统提供其所需要的业务服务。这个中间件平台应该为系统之间互联以及为分布式计算提供统一协调的底层支持，使得业务逻辑的设计可以集中在业务本身的实现上。具体逻辑结构如图 5-3 所示。

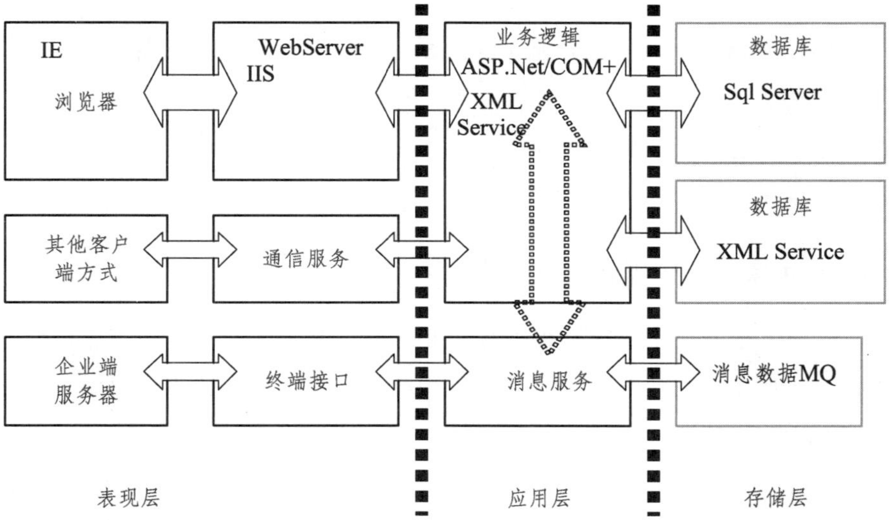

图 5-3 逻辑结构图

5.4.3 自动喷码技术

将轨枕生产批次以二维码和明文形式喷涂到轨枕上，在道床施工时通过扫描二维码可追溯该轨枕的生产数据。流水线自动喷码设备自动化程度非常高，在生产过程中为用户提供了更为高效的标识需求。该款设备是一款工业级的在线大字符喷码机，操作简便、稳定，是一台能在生产线上轻松实现多样化标识需求的设备。一台控制器可以控制 6 个喷头，且每个喷头都可以独立标识不同内容，改变了人们对传统喷码机的认识。

相比其他大字符喷码机，该设备在灵活性上更出众，可以随意嵌入生产线任何位置。该设备采用不锈钢和隔膜键盘防溅壳体，并采用独特的喷头，带自清洗和维护功能，无须进行额外维护，即便是在恶劣环境下都能保证稳定、高效的喷印效果。

5.4.4 流水线自动识别定位技术

通过在固定工位安装物联网识别芯片（射频识别 RFID）和读卡设备，并与 PLC 系统和枕场信息化基本信息系统进行对接，可在重要流水线工位自动获取全部和部分数据。射频识别（RFID）是一种无线通信技术，可以通过无线电信号识别特定目标并读写相关数据，且无须识别系统与特定目标之间进行机械或者光学接触。

5.4.5 枕场生产可视化技术

枕场生产可视化包括过程可视化和全局可视化。通过在重点工位竖立看板，实时监控重点工位的数据信息，比如各个工位的状态、时间、批次号、模板号、数据信息等；全局的信息以看板的形式进行实时监控，比如生产统计表、每日生产量、出库入库数量统计、待办信息等。在看板中使用了 ECharts 图表展示组件，使得效果展示更加立体生动。

ECharts 是一个 Flash 类图表组件，它可以用来制作数据动画图表，其中动画效果用的是 Adobe Flash 8 制作的 Flash。ECharts 可用于任何网页的脚本语言，类似于 HTML、NET、ASP、JSP、PHP、ColdFusion 等，提供互动性和强大的图表功能。使用 XML 作为其数据接口，ECharts 充分利用流体美丽的 Flash 为模板，可创建紧凑、互动性图表。

使用 ECharts，可以快速、方便地为最终用户提供不同的动画图表，不同的图表类型支持不同形式的动画和交互，实现简单易用且功能强大的 AJAX/JavaScript 的一体化。ECharts 图表支持的图表类型：柱状图和直方图，2D 和 3D；直线图和面积图，2D 和 3D；饼图和圆环图，2D 和 3D；散点图和气泡图，只有 2D；堆栈图表，2D 和 3D；双轴图表，2D 和 3D；组合图表，允许将直线图、面积图或柱状图在单个图表中组合在一起，包括 2D 和 3D；滚动图、交互式图表，允许在客户端对数据点进行滚动。

5.5 小 结

（1）将轨枕场的整个生产过程（自计划、各个生产环节至发货）进行标准化整合，改变轨枕场现有的信息碎片式管理模式，实现轨枕场生产信息平台管理，提高轨枕场的过程控制能力。

（2）实现养护、外形尺寸检查等关键数据的自动无缝获取，促进轨枕场对工艺及设备进行改进，提升产品质量。

（3）自动生成检验批、制造技术证明书，改变以往安排多人翻找手工记录的工作模式，可节省人力，提升了工作效率及数据的准确性。

（4）单据录入时，凡是前置单据已有的信息，均可自动带入，节省人工的同时还提高了数据的一致性。

（5）信息化方法在查询、归档、统计、分析等方面具有不可比拟的优势，如生产进度、台账、质量信息等可自动统计，查询历史信息方便快捷。

（6）在任何地方均可通过互联网登录系统，为管理者提供全面掌握轨枕场生产与质量状况的工具。

（7）采用自动喷码设备给每个轨枕发放身份证标识，用户可以通过扫描二维码很方便地获取轨枕生产的过程数据以及质量数据等信息。

（8）为铁路工程管理平台提供轨枕厂相关业务信息，完善了平台管理信息，丰富了管理内容，提高了工程建设信息化水平，推动了铁路智能化发展。奉节轨枕场为国内第一家实现轨枕信息化数据上传至铁路工程管理平台的企业（见图 5-4）。

图 5-4　铁路工程管理平台

通过应用信息化技术、物联网技术以及多种智能设备，为轨枕的生产形成了一套行之有效的管理体系，主要体现在以下几个方面：

（1）以中国国家铁路集团有限公司工程管理平台为依托，轨枕场联合研发了轨枕生产信息化管理系统，围绕轨枕场各项业务展开。2019 年 4 月，重庆奉节轨枕场首次将轨枕信息化模块纳入铁路信息化管理模块，从计划管理、生产管理、数据集成、系统管理等方面对轨枕场进行了系统设计，对所有工艺模板做到高度还原，实现了信息处理数字化、生产数据集成化；减少了大量的人工数据记录，避免了频繁录入产生的人为错误；降低了企业的人力资源成本，提高了管理效率。

（2）落实双块式枕场标准化管理。本系统作为一个信息平台，同时也是标准化管理平台，可以协助管理者比较容易地实现过程控制及标准化管理。

（3）提高信息与信息之间的融合效率。传统的按部门管理的方式会造成多个信息孤岛，每个部门在各自为政地处理数据；而信息化平台可将各个部门的信息进行融通与共享，提高了工作效率。

（4）解决归档难、效率低、成本高的问题。传统方式整理资料归档效率不高，需要投入相当大的人力去完成，从而增加了企业的成本。而信息的查询与归档是信息化的强项。

（5）升级质量追溯手段。以往发生质量问题时，追溯工作烦琐而漫长，本系统借助数据库与云平台，可快速进行轨枕生产过程的追根溯源。

6 总体效果分析

6.1 工程质量优异

（1）喷涂脱模剂，基于传感定位移动喷涂技术，实现喷涂工序智能化。同时，雾气吸收装置会将飘散的雾化脱模剂回收，避免了车间空气污染。

（2）套管安装，采用智能传感技术和机器人协同技术，实现套管安装工序智能化。

（3）采用精准定位和机器人协同技术，实现全自动数控流水组装线。

（4）模具自动入窑，基于定位技术和机械臂技术，实现模具出入窑自动定位、抓取。

（5）轨枕智能检测，基于激光图像检测技术、工业相机、大数据分析技术，实现了轨枕裂纹自动检测和喷码，并对轨枕外形尺寸进行快速建模，同时对外形几何尺寸及表观质量进行自动检测和评判。

6.2 施工成本降低

科技研究课题《时速 350 公里高速铁路轨枕智能生产线技术提升及应用示范》系统解决了双块式轨枕在智能化设备研发、施工中的一系列技术难题，成果成功在郑万铁路重庆段奉节轨枕场得到应用。智能化设备研发难度较大，通过关键技术的研究，将工业 PLC 控制技术、精确定位技术、激光图像检测技术、人工智能深度学习技术，以及 MES 系统、仿真软件、云平台应用等技术合理运用。建设期间未发生任何安全、质量事故，为双块式轨枕智能化施工提供了宝贵的经验，并取得显著的经济效益。

（1）应用智能改造升级的设备系统，节约了工序时间，大大提高了生产效率。单个工位时间将由原来的 4 ~ 6 min 减少到 2 ~ 5 min，每班按生产 120 模计算，至少可节约 120 min，原每班需 12 h 完成的工作减少到 10 h，可提高生产效率 16.7%。一个项目共节约 1 440 h，共计节约工费 100 万元。

（2）自动化改造升级后能节约 16 人，可以减少临时设施设备费用的投入，每个项目可节约人工费 307 万元，临时设施减少投入 20 万元，合计节约 327 万元。

（3）双块式轨枕智能生产线技术的提升，方便了现场施工，综合能耗节约 200 万元，既保证了现场的施工安全，又创造了良好的经济效益，为国内同类型工程提供了借鉴。

以上施工综合技术，累计节省了施工成本约 627 万元，提升了中国双块式轨枕智能建造技术在世界上的影响力。

6.3 推广应用前景

6.3.1 已推广应用情况

张吉怀铁路自黔张常铁路张家界西站西端引出，引入终点怀化南客站怀邵衡场，线路全长 246.288 km。本线路设吉首轨枕场一处，位于吉首东站铁路规划用地范围内，负责全线 76.88 万根双块式轨枕预制，产值 2.3 亿元。

张吉怀铁路吉首轨枕场对郑万铁路重庆段轨枕预制科技研究课题《时速 350 公里高速铁路轨枕智能生产线技术提升及应用示范》研究成果进行了推广应用，在生产线的模具清理、吸尘、喷涂脱模剂、套管螺旋筋安装、箍筋桁架安装、轨枕吊装、质量检测等多个工位进行了智能化技术实践应用，实现了双块式轨枕的少人化生产，成为高速铁路产业“智能工厂”的有机组成部分。

通过到重庆奉节轨枕场参观学习，充分借鉴其智能化研发成果，张吉怀铁路吉首轨枕场将轨枕智能化生产线技术在张吉怀铁路吉首轨枕场进行了推广应用，节约施工费用 700 万元，提高了产品质量，节约了人工费用，提高了生产效率，使轨枕生产更加绿色环保，推动了国内轨枕智能制造的发展。

6.3.2 计划推广应用情况

通过《时速 350 公里高速铁路轨枕智能生产线技术提升及应用示范》项目研究，建成了国内第一条长模轨枕智能化生产线，提高了同行业车间流水线工艺水平。下一步计划在重庆至黔江高铁、重庆至万州高铁、成都至达州至万州高铁、重庆至西安高铁等多个高铁建设项目中推广应用与完善。

6.4 社会效益

奉节轨枕场致力于打造国内第一条长模轨枕智能化生产线，响应业主要求，完全按照《中国制造 2025》国家战略规划布局实施，针对全线重点标志性工程轨枕生产车间重点打造，提高了同行业车间流水线工艺水平，并且拓展了工业机器人的应用领域，促进了机器人产业链健康发展。

智能生产线吸引了社会业界同行的关注，相关单位纷纷到重庆奉节轨枕场参观学习，均表示可以借鉴并在轨枕长模生产线上推广应用。本项目在重庆市科技局申报了科研课题并立项成功，阶段进展情况受到了重庆市科技局的肯定，得到了业主的广泛认可和一致好评。

参考文献

[1] 黄发林，银乐利，肖鑫. 工程建设质量管理智能化框架及实现路径研究[J]. 铁道标准设计，2019，63（9）：39-45.

[2] 谭建荣，刘达新，刘振宇，等. 从数字制造到智能制造的关键技术途径研究[J]. 中国工程科学，2017，19（3）：39-44.

[3] 冷单，王影. 我国发展智能制造的案例研究[J]. 经济纵横，2015（8）：78-81.

[4] 尹峰. 智能制造评价指标体系研究[J]. 工业经济论坛，2016，3（6）：632.

[5] 倪锋，鄢来朋. 瓦楞原纸生产线智能制造探讨[J]. 中国造纸，2018，37（3）：48-51.

[6] 国家铁路局. CRTS 双块式无砟轨道混凝土轨枕：TB/T 3397—2015[S]. 北京：中国铁道出版社出版，2015.

[7] 中铁第四勘察设计院集团有限公司，中铁二院工程集团有限责任公司. CRTS Ⅰ型双块式无砟轨道双块式轨枕结构设计[R]. 铁道部经济规划研究院，2011.

[8] 刘振邦，李亮，张忆晨. 基于数字化技术的智慧工地建设研究[J]. 铁路技术创新，2019（4）：86-91.

[9] 李迎九. 智能建造技术在铁路建设管理中的应用探索[J]. 中国铁路，2018（5）：1-7.